占領下の学生自治会と学生運動

田中智子

六花出版

『占領下の学生自治会と学生運動』目次

凡例

一、旧字体漢字・異体字は引用文・固有名詞も含めて常用漢字・新字体漢字に改めた。
二、引用文中、判読不能な文字は□で示し、誤りと思われる表記にはルビでママを付した。
三、ＣＩＥ文書などの英文資料については、日本語に翻訳したものを引用した。なお、翻訳にあたっては、JSPS科研費JP20K22222の研究補助者であった猪股大輝氏の協力を得た。

序章

第一節　問題関心および研究の目的

大学における学生自治会[1]は、政府・占領軍の民主化政策や学生たちの学園民主化運動の影響を受け、敗戦から数年の間に多くの高等教育機関において設立された。学生自治会とは、当該大学の全学生をもって組織され、学内における学生たちの意思決定機関であるのみならず、学内外における学生運動の拠点でもあった組織のことである。学生自治会は六〇年安保闘争や大学紛争など戦後の学生運動をリードし、とくに大学紛争においては学生の自治権や学部の教育改革を大学側に認めさせるなど、大学史上においても重要な存在である。

しかしながら、その発足にいたる背景や過程についてはいまだ解明されていない部分が多い。戦後の学生自治会の歴史についての先行研究としては、①各大学の沿革史、②戦後学生運動史研究があげられる。①については多くの場合、戦後の組織再編、あるいは学生の歴史として概略が述べられる程度である。②については一九六〇年代後半からの大学紛争期に書かれたものが多く、全日本学生自治会総連合（全学連）など学生自治会連合組織の歴史が中心であり、学生自治会の結成についてはその前史としてわずかに述べられているにすぎない。

それら先行研究における初期の学生自治会の評価としては、いわゆる「ポツダム自治会」とみる（敗戦直後に政府・占領軍の指導によって設立されたと揶揄する）もの、あるいは戦後復活した日本共産党の指導を受けて活動を行っていたとするものも少なくない。しかし実際には、戦前期の自治活動・学生運動の影響や、戦後の民主化運動・占領政策、いわゆる「進歩的な」教職員の協力など、様々な要素が複合的に重なったことにより、戦後の数年間の間に全国的に学生自治会が作られていったと考える。

そこで本書においては、学生自治会成立にいたる経緯および学生自治会の初期の活動を、戦前期の学生自治の系譜、戦後の政府・占領軍の民主化政策、学園民主化運動、日本共産党および左翼学生団体の復活など、その背景にあると考えられる諸要素に言及しながら明らかにしていく。とくに、学生自治会に深くかかわりのある教員・学生・占領軍・日本共産党の四つのアクターの動向に着目し、それらが学生自治会の成立とその後の学生運動にどのように影響したかについて検証していく。具体的な事例としては、東京（帝国）大学・京都（帝国）大学・早稲田大学の学生自治会を取り上げる。

第二節　先行研究と本書の位置

戦後の大学学生自治会および戦後初期の学生運動の歴史に関する先行研究については、①大学沿革史、②戦後学生運動史があげられる。また、学生自治会・学生運動について直接的に取り上げていなくとも、③占領期高等教育史研究の存在も欠かせない。以下、それら先行研究の代表的なものを紹介しつつ、本書の位置について述べていく。

（二）大学沿革史

大学沿革史[2]は各大学の周年行事に合わせて編纂されるものであり、多くの場合、学内の教員らで編纂委員会を組織し、当該大学の「正史」として刊行されるものである。一巻から数巻程度で構成され、大学の沿革を概略的に述べたにすぎないものも少なくないが、中には数千ページ程度の分量を擁し、内容も研究的に書かれているものもある。しかしながら、学生自治会や学生運動、とくに戦後間もない頃のそれらについて多くの紙幅を割いて叙述している沿革史は決して多くはない。筆者が一九五〇年の時点で新制大学として発足していた二二三校[3]のうち、大学沿革史の存在が確認された二〇三校について調査したところ、占領期の学生自治会・学生運動について、章や節を設けて記述しているのはわずか七校であり、項を設けて記述しているのは七四校あるが、その半数以上（四一校）は二ページ以下の分量である。その他、項を設けてはいないものの、本文に記述があるのは一九校で、まったく記述がないものは一〇三校と半数にものぼる。[4]同じ学生運動関係でも、大学紛争に関しては、記述の多寡の差はあっても、各大学とも必ずと言っていいほどふれているのに対し、占領期の学生自治会・学生運動については、半数近い大学の沿革史に記述がない。これは後述するように、沿革史の編集方針や当該時期の資料の少なさが影響していると考えられる。

以上の調査の中でもっとも占領期の学生自治会についての記述が厚いのは、『立命館百年史』通史二（二〇〇六年）である。同書においては第一章第一節「学園民主化と占領政策」の中で「学生自治活動の開始と組織化——学友会の結成」についての項を立て、学園民主化運動の中での学友会の成立過程について二二ページを割いて述べているほか、第二節「高等教育改革と新制大学の出発」の中で「学生自治活動・課外活動の展開」

の項を設けて、敗戦直後の学生運動についてもふれている。また、『西南学院七十年史』下巻（一九八六年）においても、第三部「戦後篇各論（二）西南学院大学」において、「学生の自治活動」について章を設けて述べている（第七章）。同章第一節「自治会執行部」では、戦後の学生自治会の成立から、外部団体との接触、全学連への加盟、大学当局との協議会の設置など、自治会執行部の歴史だけで二〇ページを割いている。

では、本書で取り上げる東京大学・京都大学・早稲田大学の沿革史と、それらにおける学生自治会・学生運動の扱いはどうであろうか。それぞれの大学の代表的な沿革史を取り上げてみていく。まず、東京大学についてもっとも多くの紙幅を用いて体系的に編纂された沿革史は、『東京大学百年史』（一九八四―八七年刊行）である。『東京大学百年史』は通史三巻、資料三巻、部局史四巻の計一〇巻で構成されている。戦後の学生自治会の成立過程については、通史の第六編第四章第三節「全学会の解散と諸組織の分化」において記述されている。しかし、運動会や職員組合などほかの組織の再編と合わせた記述となっており、全学学生自治会の成立や各学部の自治組織の活動についての記述はわずか数ページで、引用されている資料も『帝国大学新聞』のみである[5]。戦後初期の学生運動については第七編第四章で「学生運動と大学の対応」という節を設けて記述しているが（第三節）、学生運動の概要と学生処分など大学側の対応についての記述が主であり、それにかかわる学生や教職員の動向や、運動の背景にある占領軍・共産党の動きなどについての記述はほとんどみられない。

次に、京都大学の沿革史については、『京都大学百年史』（一九九七―二〇〇一年刊行）が、『東京大学百年史』同様、分量も多く体系的に書かれており、総説編一巻、部局史編三巻、資料編三巻の計七巻構成となっている。総説編は一巻のみで、そこに京都大学全体の歴史が集約されているため、学生に関する記述はきわめて少ない。戦後の学生自治会の結成および初期の学生運動については、第6章第3節第2項「戦後民主主義と学園生活」の中にまとめて記述されているが、これもわずか数ページ分である。内容も『学園新聞』[6]や『学報』を用いて、事実経過を記述するのみで、学内の一次資料や占領軍・共産党関係などの学外資料を用いた形跡はない。

早稲田大学については、『早稲田大学百年史』（一九七八—九七年刊行）があげられる。『早稲田大学百年史』は通史五巻、別巻（部局史など）二巻、総索引・年表一巻と、前掲の二大学と比較しても通史の割合が高く、学生関係の記述も比較的多い。戦後の学生自治会の成立については、第八編第九章において「学生自治会の結成」という節を設けて記述しており（第二節）、学生自治会結成の背景から一九四八年までの学生運動について、十数ページを割いて記述している。四九年以降の学生運動や大学当局による学生自治会非公認についても、第十編第十六章第一節「レッド・パージ反対事件」において詳述されている。引用資料をみると、学内の一次資料から関係者の回想など、幅広い資料が用いられてはいるものの、占領軍や共産党関係などの学外資料はほとんど用いられていない。

前述のとおり、大学沿革史は多くの場合、一巻から数巻程度で構成される。そのため、通史編だけで千ページを超える東京大学・京都大学・早稲田大学の沿革史は、大学沿革史の中でも質・量ともに充実しているほうだが、それでも学生自治会や学生運動に関する記述はわずかにとどまっている。その理由としては、当該大学の「正史」としての性質上、大学・学部の組織や創立者らの重要人物の歴史の叙述に多くの紙幅が割かれること、および学生関係の資料の少なさがあげられる。とくに戦後間もない一九四〇年代後半は、紙自体の不足や劣化から、紙資料が残存していない場合も多い。また、大学沿革史は学内資料を中心に用いて大学当局の立場から書かれることが多く、その背景にある政治・社会や学外団体の動きについてはほとんど描かれることはない。

大学沿革史の編纂に用いられた学内の一次資料は、その後設置された大学アーカイブズ機関に引き継がれ、一般の利用に供されている場合が多い。東京大学・京都大学・早稲田大学の例を述べると、『東京大学百年史』

で使用された資料は東京大学史史料室に引き継がれ、現在は同室の後身である東京大学文書館が所蔵している。『京都大学百年史』関連資料も、編纂終了後に設置された京都大学大学文書館が所蔵している。また、早稲田大学においては、『早稲田大学百年史』を編纂した大学史編集所が編纂終了後に大学史資料センターに改組され、現在はその後身である早稲田大学歴史館が百年史編纂関係資料を所蔵している。本書においてはそれら学内資料を使用しつつも、占領軍・共産党関係の資料も用い、学生自治会・学生運動について客観的・多角的に述べていく。

(二) 戦後学生運動史

学生運動研究文献については、古くは江上芳郎編『戦後大学・学生問題文献目録　1945〜1967』(一九七一年)、および喜多村和之編『改訂・増補　大学・学生問題文献目録　1965〜1971』(一九七一年)の中に、学生運動に関する単行本・論文・雑誌記事がまとめられており、また近年では羽田貴史・福石賢一「史料紹介　大学紛争期を中心とする学生運動史資料紹介」(『大学史研究』第二九号、二〇二一年)において、大学紛争関連文献が紹介され、一覧にまとめられている。それらに掲載された文献情報によると、学生運動がもっとも隆盛であった一九六〇年代に学生運動関係文献がもっとも多く刊行されている。戦後学生運動史における戦後初期の学生自治会に関する記述もまた、多くは一九六〇年代後半からの大学紛争の最中に書かれたものである。それらを大別すると①学生運動活動家および関係者が当時を振り返るかたちで執筆したもの、②その後の学生運動の指針とする目的で書かれたもの、の二種類に分類することができる。

①に該当する研究としては、山中明『戦後学生運動史』(一九六一年)、武井昭夫『層としての学生運動——全学連創成期の思想と行動』(二〇〇五年)などがある。山中は一九四〇年代後半から五〇年代初めにかけて実

際に学生運動に身を投じた人物であり、同書の前半部分はまさに山中自身の経験が反映されている。同書は単なる回想ではなく、当時の資料を用いて客観的な叙述に努めてはいるものの、「歴史的全学連臨時四回大会、反帝平和闘争の先駆的役割果たす」[7]など、当時の運動を美化する表現も散見される。

武井は全学連の初代委員長を務めた人物である。同書の前半は当時を振り返るかたちで全学連結成時の闘争目標などについて述べ、後半は雑誌などに掲載された武井の学生運動論集となっている。しかし、全学連の基盤となった各大学の学生自治会の結成やその活動については、武井が所属していた東京大学の学生自治会についてふれている程度である。

②に当てはまるものとしては、日本学生運動研究会編『学生運動の研究』（一九六六年）、福島要一編著『学生の自治（双書・大学の自治Ⅲ）』（一九七〇年）などがあげられる。前者は「一九七〇年の安保条約改定期を控えた現在、その動きが注視される学生運動の概貌についての理解に」役立てるために執筆されたものであり[8]、戦後の胎動期（敗戦―一九四七年）から六〇年安保闘争を経て第二次全学連が分裂する一九六〇年代前半までの学生運動史を時系列にまとめている。占領期の学生運動については、第一章から第三章の中で言及しているが、学生自治会の結成については、第一章第一節「学園復興・民主化闘争」の中でわずかにふれられているに過ぎない。

後者は、日本学術会議会員の福島、国民教育研究所所員の伊ケ崎暁生（肩書はいずれも当時）らが、激化する大学紛争を前に、運動学生らの指針となるようまとめたものである。学生自治会の結成および初期の学生運動については、「二　学生の自治の歴史」（伊ケ崎）、「三　学生の政治運動」（福島）の章でふれられているが、大学紛争の前史として、概略的にまとめている程度である。

これらの先行研究の中には、初期の学生自治会について、政府・占領軍によって上から与えられた（いわゆる「ポツダム自治会」）としているもの、あるいは戦後復活した日本共産党の指導を受けて活動を行っていたと言及しているものもある。一例をあげると、前掲『学生運動の研究』では、「学生自治会は、労働組合と同様に戦後の民主的諸改革の産物であるため、俗に「ポツダム自治会」とよばれ」たとしている。[9]また、東大学生運動研究会『日本の学生運動――その理論と歴史』（一九五六年）では、「戦前個人加盟制の学生組織をもって基本学生運動組織とした日共も、（中略）戦後比較的早くから学生戦線においても「ポツダム形態」の採用に転換しつつあった」として、「上からの民主化」によって組織された学生自治会と日本共産党との関係を示唆している。[10]

武井前掲書ではこれについて、「いわゆる全共闘運動のころになると、歴史というものが忘れられてしまって、「ポツダム自治会」という自治会軽視ないし蔑視の言葉が流行し」たと批判している。[11]しかしながら、いずれの評価もあくまで当事者の体験談や聞き書きによるものであり、原資料を用いて実証した研究は皆無である。本書においては「日本占領関係資料」「戦後日本共産党関係資料」など、原資料を用いてこれらを実証的に解明するとともに、前掲先行研究における初期の学生自治会の評価を批判的に検証していく。

（三）占領期高等教育史研究

連合国最高司令官総司令部文書（以下、ＧＨＱ／ＳＣＡＰ文書）が米国国立公文書館で秘密指定解除となったのは一九七四年のことである。日本の研究者がそれを研究利用した例としては、八四年に刊行された久保義三『対日占領政策と戦後教育改革』があげられる。同書は、民間情報教育局（以下、ＣＩＥ）教育課などの文書を用いた研究である。また、八五年度から八七年度にかけて、佐藤秀夫ら八名の研究者が科研費の交付を得て、「占領期日本教育に関する在米史料の調査研究」を行っている。佐藤らはこの時収集した在米史料をもとに、八八年度から九〇年度にかけて『米国対日教育使節団に関する総合的研究』を行っている[12]。

その他、同資料を用いた戦後高等教育史研究としては、①羽田貴史『戦後大学改革』（一九九九年）や、②土持ゲーリー法一『戦後日本の高等教育改革政策――「教養教育」の構築』（二〇〇六年）、③明神勲『戦後史の汚点レッド・パージ：GHQの指示という「神話」を検証する』（二〇一三年）などがあげられる。いずれも、前掲『米国対日教育使節団に関する総合的研究』に参加していた研究者である。

①において、羽田は「日本占領関係資料」を用いて、GHQの指導・命令は一枚岩と考えられていた従来の研究を克服し、高等教育と経済復興に関してCIEと経済科学局（ESS）との間で対立があったこと、また新制国立大学の発足における一一原則の策定においては、CIEの教育課と高等教育班との間に意見の相違があったことなどを明らかにした。②において、土持は「日本占領関係資料」を用いて、戦後の大学の教養教育や短期大学制度の移入に関して、CIE各担当官がいかなる「ゼネラル・エデュケーション」論や「ジュニア・カレッジ」論を展開していたかなどを明らかにしている。しかし、①②いずれの研究も戦後日本の大学制度改革・構築について着目したものであり、学生および学生政策についてはふれられていない。

学生自治会・学生運動について取り上げた研究としては、③の明神の研究があげられる。明神は「レッド・パージを事実上阻止した大学の事例」として、「東北大イールズ事件」および「北大イールズ事件」と、両事件における学生運動についてふれている。しかし同書はレッド・パージとその背景にあるとされるGHQの指示の検証に主眼を置いており、学生運動そのものを研究したものではない。

GHQ／SCAP文書を含む「日本占領関係資料」を国立国会図書館が撮影・収集し、日本国内で一般利用が可能になったのは一九九〇年頃のことである。そのため、九〇年代以降「日本占領関係資料」を用いた高等教育研究は増えてきているものの、いまだ大学学生自治会や学生運動に焦点を当てた研究は管見の限りない。

「日本占領関係資料」の一つであるCIE会見録（CIE Conference Report）をみると、CIE担当官が学生と直接会談を行っているケースも少なくない。これらを分析することで従来の占領期研究・学生運動史研究に新たな知見をもたらすことも、本書の目的の一つである。

第三節　研究対象・方法

（一）研究対象・視座

本書においては、占領期を中心として、学生自治会結成の四つのアクターである教員・学生・占領軍・共産党の動きに着目し、大学学生自治会の成立過程とその背景を明らかにすることを目的とする。占領期を対象とする理由は、戦後の民主化運動の中で各大学に学生自治会が結成され、戦後の学園復興や学生生活防衛のための運動を展開し、全学連などその後も続く連合組織を形成していった時期であるからである。また当該時期はCIEがアメリカの教育制度をモデルとして日本の教育制度を変革しようとしていた時期であり、他方、戦後復活した日本共産党は、当初占領軍を解放軍とみなす向きもあったものの、朝鮮戦争へと向かう中で徐々に反アメリカへと傾斜していった時期でもある。この相反する二つの時流が大学学生自治会の形成過程とその活動に大きく影響した可能性がある。

学生運動において、両者の対立が頂点に達したのが一九五〇年のレッド・パージとその反対運動であり、その後は共産党の分裂や学生運動に対する取り締まりの強化などから運動は徐々に衰退していった。これを機に、学生運動は学内運動から学外運動へとシフトしていく。五一年以降、学生運動は単独講和反対運動、日米安保条約反対運動、自衛隊反対運動など、大学から離れての運動が中心となっていく。このことから、占領期は五二年四月のサンフランシスコ平和条約の発効まではあるが、本書では五〇年のレッド・パージ反対運動までを対象とする。

また、戦後の学生自治会結成の背景には、戦前の学友会組織や共産主義学生運動が少なからず影響したと筆者は考える。そのため、学生自治会成立の前史として、これらの事項についても言及する。

研究対象としては、主として①東京（帝国）大学、②京都（帝国）大学、③早稲田大学の学生自治会、およびそれらが関係した学生運動について取り上げる。この三大学を取り上げる理由は、①は戦前から左翼学生運動の中心であり、戦後は全学連の拠点校であったこと、②は①と同じく戦前より左翼学生運動が盛んであり、戦後は関西学生自治連盟（関西自治連）の拠点校であったこと、③は私立大学の中で戦前戦後ともに左翼学生運動の中心であり、戦後もっとも早く全学学生自治会を結成した大学の一つだからである。(13)

(二) 研究方法・資料

具体的な研究方法について、教員・学生の動きについては、各大学の一次資料に加え、学生新聞や当時の教員および学生活動家の回想録などを用いて分析を行う。占領軍の動きについては、主として「日本占領関係資料」を用いて分析を行う。「日本占領関係資料」とは、国立国会図書館が収集している占領軍関係の文書のことであり[14]、占領期についての研究を行う上で必須の資料といえる。教育の分野においては、GHQ／SCAP文書の中のCIEの文書などが関係する。国立国会図書館憲政資料室のホームページによれば、GHQ／SCAP文書全体でマイクロフィッシュ三二〇、一二七枚であり、CIE文書はそのうち三一、〇九一枚である[15]。国立国会図書館所蔵のCIE文書の目録は全体で四九〇ページ分あり、そのうち教育課（Education Division）は二六三ページ分、高等教育係（Higher Education Branch）は一二ページ分である。高等教育係の文書だけでもフォルダータイトルは九五一件に及ぶ[16]。

このようにCIE文書だけでも膨大な量があるのだが、教育学領域でそれらの資料を用いた研究は教育制度史・政策史研究などが中心であり、学生に関する研究で利用された例は管見の限りない。ゆえに、当該資料の分析によって、学生の課外活動にまで占領軍の指示が及んでいたことが明らかになれば、大学史研究のみならず、教育学研究においても大きな進歩となる。本書では、同資料の中でもとくに「民間情報教育局会見録（CIE Conference Report）」[17]の分析を行い、(1)占領軍が大学学生自治会に対しどのような見解を持っていたのか、(2)設立や活動について指示を行っていたのか否か、(3)指示を行っていたとしたらそれは「助長」であったのか「抑制」であったのか、の三点について明らかにしていく。

日本共産党の動きについては、『アカハタ』や『戦後日本共産党関係資料』を用いて分析する。『戦後日本共産党関係資料』は、不二出版によって二〇〇七年から〇八年にかけて刊行されたもので、これまで研究者の目にもふれることのなかった戦後再建初期の党中央の重要会議資料などが収録されている。管見の限り、教育学研究・大学史研究において当該資料を用いた研究はいまだ存在しない。本書では同資料のうち、一九四五年から五〇年までの「中央指令・通達」などの資料を分析して、(1)日本共産党が各大学の学生細胞に対し、学生自治会の設立・活動についての指示を行っていたか否か、(2)指示を行っていたとしたら、どのような目的をもって指示していたか、の二点について解明していく。また、第三章第二節（二）で述べるように、日本共産党は五〇年のコミンフォルム批判によって主流派（所感派）と国際派の二派に分裂するが、その学生自治会・学生運動への影響についても述べていく。

以上のように、本書においては占領期における大学学生自治会の形成過程と学生運動の背景について、多様な資料を用いて多角的にアプローチすることによって解明していく。

第四節　本書の構成

本書は六章構成とし、前半（第一章―第三章）では総論として明治期から第二次大戦後までの学生自治組織の系譜について、後半（第四章―第六章）では各論として東京（帝国）大学・京都（帝国）大学・早稲田大学における戦後の学生自治会の成立と初期の活動について述べていく。各章の概要は以下のとおりである。

序章

第一章　明治―昭和戦中期における学生自治組織確立・改革運動の系譜

第二章　戦後の学生自治会成立の背景

第三章　一九四八―五〇年における全国的な学生運動の高揚と政府・占領軍、共産党、学生たちの動き
第四章　東京（帝国）大学における学生自治会結成とその活動
第五章　京都（帝国）大学における同学会の再編とその活動
第六章　早稲田大学における学生自治会の結成・再編およびその活動
　終章

第一章「明治―昭和戦中期における学生自治組織確立・改革運動の系譜」では、戦後の学生自治会成立の前史として、東京帝国大学・京都帝国大学・早稲田大学を中心に、明治―昭和戦中期における学生自治組織確立・改革の動きについて述べていく。具体的には、旧制大学における学友会組織の結成と、大正―昭和初期における左翼学生による学友会改革運動・学生自治運動、および戦中期における学校報国団への再編について述べていく。

第二章「戦後の学生自治会成立の背景」では、戦後の学生自治会成立の背景にある、政府・占領軍の民主化政策、学生たちの戦後学園民主化運動、日本共産党および左翼学生団体の復活、およびそれらを背景として結成された学生自治会の概要について述べていく。

第三章「一九四八―五〇年における全国的な学生運動の高揚と政府・占領軍、共産党、学生たちの動き」では、一九四八―五〇年における全国的な学生運動の高揚と、その背景にある政府・占領軍および日本共産党の動き、および五〇年の共産党分裂後における学生自治会の分裂について述べていく。

第四章以降は、個別大学における学生自治会の結成・分裂・再編の動きについてみていく。第四章では東京（帝国）大学、第五章では京都（帝国）大学、第六章では早稲田大学の事例について述べていく。

終章では、本論での分析をもとに、「戦後学生運動における東京大学・京都大学・早稲田大学の学生自治会の役割と特質」「学生自治会における戦前戦後の連続・非連続」「学生自治会と共産党、占領軍、教職員との関係性」「発足当初の学生自治会と学生運動の特質」の四つの観点から結論を述べていく。

注

（1）学生自治会の名称については、学生自治会、学友会など各校で異なるが、本書においては様々な呼称の学生自治団体の総称として学生自治会を用い、個別大学の事例においては当該大学の自治組織の名称を用いる。ただし、戦前の組織については、戦後のそれと区別するため学生自治組織の総称を用いる。

（2）本章でいう大学沿革史は、全学あるいは学校法人単位での沿革史を指し、学部・学科単位での沿革史は含まない。

（3）文部省大学学術局大学課『昭和二十五年度　全国大学一覧』掲載の二〇七校に、同年発足した一六校を加えた。

（4）なお、大学沿革史を複数刊行している大学については、その中でもっとも学生自治会関連の記述の多かった沿革史を基準としている。

（5）『東京大学百年史』通史二、東京大学出版会、一九八五年、一、〇七六―一、〇八二頁

（6）戦前の『京都帝国大学新聞』が一九四七年四月に復刊したもの。紙名が『学園新聞』に変更された理由は、GHQの新聞用紙割当確保のため「関西一円の大学・高校を対象にした学生新聞」という制約がついたためである。京都（帝国）大学のみでなく関西一円の大学の動向も同時に知ることができる資料である。

（7）山中明『戦後学生運動史』青木書店、一九六一年、一〇五頁

（8）日本学生運動研究会編『学生運動の研究』日刊労働通信社、一九六六年、前書き二頁

（9）同前、三頁

（10）東大学生運動研究会『日本の学生運動――その理論と歴史』新興出版社、一九五六年、一七〇頁

（11）武井昭夫『層としての学生運動――全学連創成期の思想と行動』スペース伽耶、二〇〇五年、二〇頁

(12) 国立教育研究所『米国対日教育使節団に関する総合的研究』戦後教育改革資料10、三頁

(13)『資料　戦後学生運動』別巻の年表(八―一〇頁)によると、戦後の全学学生自治会結成の動きは、一九四五年一一月の東京女子大学および立命館大学における学友会結成がもっとも早く、ついで四六年二月に慶応義塾大学自治委員会、大阪商科大学学生委員会(ともに九日)、早稲田大学学生自治委員会(二二日)となっている。

(14) 原本はアメリカのWNRC(Washington National Records Center)に収蔵されており、その一部について、国立国会図書館憲政資料室にてマイクロフィッシュでの閲覧が可能となっている。

(15) https://ndlsearch.ndl.go.jp/rnavi/occupation/GHQ(憲政資料室作成、二〇二二年八月一七日更新)およびhttps://ndlsearch.ndl.go.jp/rnavi/occupation/CIE(憲政資料室作成、二〇二二年六月三〇日更新)より。

(16) 荒敬・内海愛子・林博史編著『国立国会図書館所蔵GHQ/SCAP文書目録』第2巻 CIE/民間情報教育局、蒼天社出版、二〇〇五年、二九二―三一四頁

(17) 一九四六年四月一九日、GHQ/SCAPの参謀長から各部局宛に、「総司令部の措置を充分に把握するために、デイリー・リポート(日報)を準備すること、このリポートには、すべての交信の要約、すべての措置の要約、会談による非公式な措置のそれぞれに関するリストを含むこと」、一九四六年四月二二日から実施することが指示され、作成されるようになった文書である。その形式・状態は「個別に、日時、場所、出席者、主題、会談内容、資料などを明記し、報告者が署名したものであり、一九四六年四月から一九五一年三月までの五年間分が、年月日順にとじ込みで整理されている。別に、担当者別のカンファレンス・レポートもある」(国立教育研究所編『占領期日本教育に関する在米史料の調査研究』戦後教育改革資料6、一九八八年、六一頁)。

第一章

明治―昭和戦中期における学生自治組織確立・改革運動の系譜

第一節　旧制大学における学生自治組織の萌芽

戦後の学生自治組織の成立について述べるのに先立ち、旧制大学における学友会組織について述べていく。戦前期の旧制大学においては、全学あるいは学部ごとに学友会などと呼ばれる組織が存在した。これは多くの場合、教職員・学生・卒業生の三者で構成されており、部活動の取りまとめを行うほか、三者の親睦を深めることを目的としていた。本章第四節で述べるように、この学友会組織が戦時中に学校報国団に改組され、それが戦後に解体・再編されたことによって、学生自治組織の発足にいたっているケースも少なくない。本節では、帝国大学および官公私立大学における学友会組織の設立と、その概要について述べていく。

（一）明治・大正期の帝国大学における学友会組織の設立

戦前の帝国大学には学友会などと呼ばれる教職員・学生の親睦組織が存在した。以下、東京・京都両帝国大学の学友会組織を中心に、明治・大正期の各帝国大学における学友会組織設立の動きについてみていく。

まず東京帝国大学であるが、一八九八年に社団法人東京帝国大学運動会が設立され、体育系各部が活動を行っていた。しかし一九二〇年になると、「本会の事業を単に運動に関するもの〻みに止めず、漸次音楽、講演、文芸等をも加へ、本会をして単に体育に依る身心の鍛錬を図る以外、猶更に品性の陶冶、趣味の養成を図らんとする」[1]という理由から、東京帝国大学運動会を改組して、東京帝国大学学友会が組織されることとなった。一九二〇年七月に発行された『学士会月報』掲載の「東京帝国大学学友会定款（抄）」によると、会の目的などは以下のとおりである。

第一条　本会は運動講演音楽其他の方法に依りて会員の心身を練磨し健全なる品性及趣味を養成し且汎く一般学生の品性及趣味の向上発達を図るを以て目的とす
第二条　本会は東京帝国大学々友会と称す
第三条　会員は会費として毎年弐円を納むことを要す
第七条　会員にして十年間会費を納めたる者又は一時に拾円以上納めたる者は爾後会費を納むることを要せず

これをみると、会の組織の詳細は不明であるが、「十年間会費を納めたる者」とあることから、学生のみの会ではないことがわかる。この時期、学友会という名称の教職員、学生、同窓生の親睦組織が各大学に続々と作られており、この東京帝国大学学友会もその一つであったといえる。また「会は運動部の勢力によって引続き牛耳られ、二、三の文化クラブは片隅に押しやられている有様であった」ため[2]、学生の自治を行うことは困難であった。

これに対して、全学学友会組織結成と同じ年の五月頃から「学生会設立運動」が起こった。これは、大学の機関としての学友会とは別個に学生の自治機関を創立して、学生自治の確立を要求するものであった。この運動の契機となったのは、この直前に起こった「森戸事件」[3]である。H・スミスによるとこの時、「各学部ばらばらの抗議運動しかできない事態を嘆いた反対運動のリーダーは、全学的な「学生会」設置の運動を起こした」とされている。[4] また菊川忠雄によれば、「この運動は、当時の急進的学者末弘厳太郎氏等の協力によって創意」されたものである。[5] その設立の目的などについては、以下の「東京帝国大学学生会設立趣意書」に書かれているとおりである。

吾等は吾等の意志が認められないために、吾等に緊密な関係を有する事件も他所事の如く処理せられ、吾等の創意が許されてゐないために、吾等の生活を豊富にし発展せしむべき多くの企てが閑却されてゐる事実を悲しまざるを得ない。

（中略）

吾等の大学学生生活を支配する組織や制度は是非とも吾等の意思に基いて吾等の生活に即する如く改造せられねばならぬ。吾等は偏に「大学自治」を想望する。吾等の大学が研究の自由を奪はんとする政府当局より解放され、その組織や制度が真に吾等のものである如く改造せらるゝに非ずんば、吾等は何時までも因循、忍従、倦怠、萎縮の淵に纔かに学術の残滓を嘗めねばならない。

吾等は、茲に「大学自治」への過程に於て、吾等各学部に分属する大学学生の鞏固なる団体を組織し、吾等の意思を決定し吾等の意思に力を賦与せんとする。かくて生れたる吾等の輿論は外部の社会に対し、学校当局に対し、明確に吾等の要求と真意とを示し得るであらう。

差し当り吾等の要求を具体化すべき事業としては、例へば、大学自治寮及び学生倶楽部の建設、学生会機関新聞の発刊、学友会施設の充実、大学の解放、図書館の整理改造、競争講座の設置、試験制度の改良、購買組合の組織、書籍交換所の開設、更に進んでは学制の根本的改革、大学町の創設の如き是れである。[6]

引用文中の「吾等に緊密な関係を有する事件」とは、「森戸事件」のことを指していると考えられる。「大学自治」という言葉が数回にわたって出てきているのも、この事件の影響を受けてのことであろう。こうして学生会の設立が提唱されたのであるが、その後進展はみられないままであった。そこで一九二三年に入ると、「学生会設立運動」に替わって、学友会改革によって学生自治の要求を貫徹させようとする学友会改革・改善運動が出現した。これについては次節で述べる。

次に京都帝国大学であるが、『京都大学百年史』によれば京都帝国大学にはもともと、運動会・以文会[7]という二つの組織が結成されていたが、一九一〇年春に運動会・以文会合併の議が起きた。この時は法科学生らが反対を表明したが、その後も以文会・運動会双方から学生委員を出し交渉を進め、一三年三月一〇日に各分科大学総代会を開催、両会を合併し新たに「学友会」を創設することが議決された[8]。同月成立した「学友会規則」によれば、学友会の目的・組織は以下のとおりである。

第一　名称

第一条　本会ハ京都帝国大学学友会ト称ス

第二　目的

第二条　本会ノ目的ハ会員ノ身心ヲ修養シ親睦ヲ計リ思想ヲ通融セシムルニアリ

第三　会員

第三条　会員ヲ別チテ左ノ五種トス

正会員

名誉会員

特別会員
会友
準会員
第四条　正会員ハ京都帝国大学学生及選科生トス
第五条　名誉会員ハ本会ニ功労アルモノニツキ役員会ノ議決ヲ経テ会長之ヲ推薦ス
第六条　特別会員ハ京都帝国大学総長教授助教授事務官学生監司書官薬局長技師及講師トス
第七条　会友ハ卒業生ニシテ入会ヲ申出テタルモノトス
第八条　準会員ハ京都帝国大学助手書記等ニシテ本会ニ加入ヲ申出テタルモノトス

第四　役員

第九条　本会ニ左ノ役員ヲ置ク
会長
幹事
代議員
各部委員
会計
庶務
第十条．京都帝国大学総長ヲ推シテ会長トス
第十一条　会長事故アルトキハ年長幹事之ヲ代理ス
第十二条　幹事ハ各分科大学長本部在勤事務官一人及学生監ヲ以テ常任トシ各分科大学ニ於テ教授助教授

中ヨリ一名ヲ互選スルモノトス
事務官ニシテ幹事タルモノ及学生監ヲ専務幹事トス
専務幹事ハ会長ヲ補ケ会務ヲ処理ス
其他ノ幹事ハ会長ノ諮詢ニ応シ及各分科大学ニ於ケル本会ノ事務ヲ分掌スルモノトス
第十三条　代議員ハ各分科大学八名トシ其正会員中ヨリ之ヲ選挙ス(9)

学友会の会長には総長が就き（第十条）、その下に議決機関として「役員会」が置かれた。これは各学部長および各学部教授・助教授中からの互選一名による幹事一四名と、書記官・事務官・学生監による専務幹事三名、各学部から五名ずつ選出される学生の代議員三五名、それに会長が議長として加わり構成されていた。(10)その役員会の議決のもと、庭球部・弓術部など傘下公認一四団体より選ばれた五名の常任委員からなる執行機関が会務を行っていた。(11)

以上の組織構成をみてもわかるように、京都帝国大学学友会は教職員・学生・卒業生の親睦組織であり、総長を筆頭に教官・官吏が重要な役職を占めていた。学生の代議員は加入学生の選挙によって選ばれており、学生自身の意見を反映させるシステムはあったものの、その内容は会の運営だけにとどまった。また自由加入制をとっていたため、(12)学生全体の意見を吸い上げるということは不可能であった。このような学友会の体制に対して、一九二六年の京都学連事件以降、一部学生から学友会改善運動がわき起こってくる。これについては次節で詳述する。

以上、東京・京都両帝国大学における学友会組織の設立についてみてきた。いずれの場合も、運動会など部活動の連合団体を母体とし、教職員・学生の親睦を目的として設立された。このようなケースは九州帝国大学においてもみられた。九州帝大ではその前身である福岡医科大学時代の運動各部の活動と伝統をふまえ、一九一二年に九州帝国大学運動会が設立され、体育各部の活動が主軸となっていたが、法文学部が設置された二四年に文化系各部も含めた九州帝国大学学友会に改組された。同会の目的は「会員の親睦をはかり、心身を陶冶すること」であり、九州帝大の教職員・学生・卒業生と福岡医科大の卒業生を会員としていた[13]。ほか、東北帝国大学においては、一九〇七年の大学設置直後から組織されていた各学部の学部会が連合して、二〇年に全学学友会を発足させたが、同会の会長は総長が、副会長は各学部長が務めていた。また、全学学友会の傘下には各学部会のほか運動部各部と文化科学部各部が加わり、学友会費をもとに活動を行っていた[14]。また北海道帝国大学では、札幌農学校時代に生徒全員を会員とし、校長を会頭、教職員を特別会員とする文武会が結成されていたが、それが帝大に昇格した後も続いていた。文武会の傘下には、文芸・弁論・音楽などの文化各部と、柔道・剣道・陸上などの運動各部を擁していた[15]。

以上みてきたように、明治・大正期において各帝国大学では学友会組織が形成されていった。名称は北海道帝大を除いて学友会であり、教職員・学生一体の親睦組織で部活動の取りまとめ役という側面を持っていたことは各大学とも共通していた。

(二) 官公私立大学における学生組織の成立

一方、一九一八年の大学令によって大学に昇格した官公私立大学においても、学生組織が作られていった。ただし、帝国大学とは違い、その形式や名称は各大学で異なっていた。以下、各大学の沿革史にみられる、戦前の学生自治や学生組織結成の動きについて述べていく。

管見の限り、もっとも早く学生自治についての規約を定めたのは慶応義塾である。慶応義塾では一八九八年、

「各自の学業を進め、操行気品を高尚にし、義塾の特色たる独立自治の成功を期」すという目的から、学生たちによって「慶応義塾学生自治規約」が定められ、社頭と塾長の認可を得た。同規約によれば、「慶応義塾学生全体を以て本制を行ふものとす」（第二条）、「委員中より大学部三名、普通部二名の特務委員を選出す」（第八条）とあることから、大学部から普通部までを含めた慶応義塾全体での学生の自治を行うことを目的としていたことがわかる。[16] 同規約では「特務委員は学生全体を代表して教務部に照会し、教員会議に参座することある可し」（第九条）と定められており、学生たちに強い自治権を認めていた。しかし実際の活動としては、『三田評論』の刊行などにとどまったようである。

早稲田大学においては一九一四年一一月二八日、「学風の向上を期し且つ学生間の意思疎通を図らんが為め」大学部商科に学生委員会を設置した。[17]『早稲田学報』の記事によれば、ほかにも高等予科や大学部法科などにも学生委員会が設置されており、また創立者・大隈重信の葬儀や記念行事の際には、その都度臨時学生委員会が設置されていたようである。その学生委員会が全学的に恒常的に設けられるようになったのは、二三年一一月のことである。この時に制定された「早稲田大学学生委員会規則」は以下のとおりである。

早稲田大学学生委員会規則

第一条　早稲田大学各学部各学科、高等師範部各科、専門部各科ニ学生委員ヲ置ク。

第二条　学生委員ハ各学級（一学級数組ニ分ルルモノハ各組）一名トシ、一学級又ハ一組ノ学生五十名ヲ越ユルモノハ二名、同百名ヲ越ユルモノハ三名トス。

第三条　学生委員ノ任期ハ一学年トシ、毎年四月、各学級又ハ各組ニ於テ選挙シ、総長之ヲ任命ス。但第一学年ニ限リ選挙ヲ省略スルコトアルベシ。

第四条　学生委員ニ欠員ヲ生ジタルトキハ前条ノ規定ニ従ヒ之ヲ補充ス。
第五条　各学部長、高等師範部長及教務主任ハ其学部及部科ノ学生委員ヲ指導ス。
第六条　各学部及部科ノ全体ニ関スル事項ニ付キテハ、代表委員三名ヲ互選シテ之ニ当ラシムベシ。
第七条　各学部科ノ委員会ハ毎月一回開会シ、当該学部長又ハ教務主任議事ヲ整理ス。
第八条　学生委員ハ常ニ所定ノ委員章ヲ佩用スベキモノトス。
附則
本規則施行以前ニ任命セラレタル学生委員ハ其期間中在任スルモノトス。
本規則ハ大正十二年十一月一日ヨリ之ヲ施行ス。(18)

以上の規則をみると、学生委員会の目的や委員の任務の規定がないが、一九二三年一二月一五日に開催された第一回学生委員会総会の席上、高田早苗総長が「委員の性質及責務を説き、殊に学生より種々なる要求ありたる場合等に於ては充分考究の上慎重に審議してその議を纏め」とあることから、学生たちの要求を自治的に解決するという目的があったと考えられる。(19)ただし、学生委員たちの実際の任務については、菊川忠雄によると「学校の任命によるもので、ただ出欠点呼をする位が平素の仕事で、何等協賛機関の性質をもたない。官僚大学に於ける全学的組織である学友会の如きもない有様」であったようである。(20)

以上の慶応義塾、早稲田大学の例をみると、学生が学生自身に関する事柄を議論し、決定していくという意味の学生の自治を行おうとしていたことがみてとれる。これは旧制高等学校における寮の自治を模したものではないかと考えられる。

一方で、（二）で述べた帝国大学の学友会に近い組織を設立した大学もある。日本初の官立単科大学として発足した東京商科大学（現：一橋大学）においても、東京高等商業学校時代の一九〇二年に生徒全員をもって組織した一橋会を発足させた。「暫行東京商科大学一橋会規則」によると、同会は「一橋生活によりて会員各自の人格を完成し以て一橋文化の発展を期す」ことを目的とし（第二条）、各科の職員および出身者を特別会員としていたことから（第四条）[21]、帝国大学の学友会組織のように、教職員・学生の親睦を目的とした組織であったことがわかる。

同じ頃、東洋協会大学（現：拓殖大学）では、各種の部活動を展開するための麗沢会が結成され、その傘下には語学部・弓術部・撃剣部・相撲部・テニス部の五部が組織された[22]。この麗沢会も、部活動の取りまとめという意味で、学友会組織に近い組織であるといえる。

以上述べてきたとおり、官公私立大学における学生組織は、名称も形式も様々であるが、(1)旧制高等学校の寮自治を模した学生自治組織、(2)帝国大学の学友会組織を模した教職員・学生の親睦組織に大別できる。しかし、いずれの場合も、完全な学生による自治組織とは言い難いものであった。そこで、一九二〇年代後半には学生自治機関設立運動が起こってくる。

第二節　学生連合会と学友会改革・学生自治組織設立運動

（一）学生連合会の成立と学友会改革運動

一九二〇年代の学友会改革・改善運動には、この時期設立された日本共産党および学生連合会（以下、学連）[23]の動向が大きく影響している。ここではその学連の成立について概観していく。

一九一八年一二月、東京帝国大学に「世界の文化的大勢たる人類解放の新機運に協調し之が促進に努」めることなどを綱領とする東京帝国大学新人会（以下、新人会）が誕生した。それに刺激されて、早稲田大学においては一九年二月に民人同盟会、同年一〇月に「最も合理的なる新社会の建設を期す」ことを綱領とする建設者同盟が誕生した。

それらの団体に続くように、その後全国の大学・高校・専門学校において、学生による各種の社会思想研究団体が誕生し、それぞれ個別に活動していた。しかし、一九二一年から二二年にかけて、ロシア＝ソビエト社会主義連邦共和国において大飢饉が発生すると、その救済運動を通じて各学校の学生間に連絡が生じたことによって、全国的組織結成の気運が高まった。こうして一九二二年一一月には新人会、建設者同盟などが中心となって、全国の大学・高校・専門学校計二六校、学生総数二百名を連結して、社会科学の研究ならびに普及を目的とする学生連合会を結成するにいたった。[24]

この学生連合会が組織されるにいたった事情について、松村禎彦は「第一に大正十一年七月に日本共産党が成立したこと、第二に同年春ロシヤには稀有の大飢饉が起ったこと」[25]の二点であると述べている。ロシア＝ソビエトの大飢饉についてはすでに述べたとおりであるが、日本共産党についてはH・スミスによると、高野実・志賀義雄という二人の人物が関係している。一九二二年七月、日本共産党が結成されると、民人同盟会から分化した早稲田大学文化会所属の高野と、新人会所属の志賀が共産党に入党している。この「高野・志賀の二人は、一九二二年秋の学生連合会結成の立役者」となったのである。[26] このような事情もあって、設立当初の学連は、新人会と早稲田大学文化会・建設者同盟が中心となって運営されていた。[27]

以上のような経緯から設立された学連であるが、この頃の活動は「加盟各校間の連絡緊密ならず、その統一的な活動も見ることが出来」ず、「単に東京の数校間の研究会が中心となって、時々地方校の研究会へ講師を送って研究会を開」く程度であったようである。[28] しかし一九二三年春、菊川忠雄ら高等学校連盟の活動家が東京帝国大学に入学すると、その運動方針は大きく転換する。それは、「学外の政治的反対運動にただついて行くという従来の行き方はやめて、学生自身主導し、支配する運動を、大学の中で繰りひろげる方向に転」ずるというものであった。[29] その先駆的な例として、東京帝国大学における学友会改革運動を次に述べる。

東京帝国大学における学友会改革運動の先鋒となったのが、新人会のメンバーである。新人会は前述のように、「世界の文化的大勢たる人類解放の新機運に協調し之れが促進に努む」「現代日本の正当なる改造運動を行ふ」ことを目的として一九一八年に発足している。[30] 設立当初の新人会は学生・卒業生の共同組織であり、「その設立の舞台となった大学に対しほとんど無関心で」、前述の「森戸事件」にも抗議運動を起こさなかった。[31]

しかし二一年になると、卒業生を排除した純粋な学生のみの団体に改組し、「自らを「学生」としてとらえ直し、「学生のための」とはいえなくとも、「学生による」運動を樹立する方向に進ん」でいった。[32] さらに「一九二三年に入って、学友会を改革し、保守的な運動部勢力の支配をくつがえそうとする運動が起こ」ると、新人会は「凡ての権力を学生大衆へ！」のスローガンの下、この運動の主導権を握ることになる。[33]

一九二三年二月二五日、「一、全学生をして学友会員たらしむる事、二、大学は学友会に対して種々の便宜を与へられたき事」の二カ条の請願が古在由直総長に提出され、[34]「全学生をして学友会員たらしむる事」については、翌月二七日の学友会評議員会において満場一致で可決している。[35] この時は各学部の学友会委員が中心となって運動を行っていたようであるが、同年五月五日に開かれた第一回学生大会においては、新人会が主導権を握っている。この大会においては「学友会改革に関する事項」についての権限を付与された臨時学生委員会の設置が可決されている。[36]

その後関東大震災の影響で学友会改革は一時休止状態にあったが、一九二三年一二月、教員七名・学生一〇名からなる起草委員が会長である古在総長から委任され、新組織の原案作成にあたった。この案は「従来の緑会丁友会等各学部の事業を統一する事と会の事業が会員全部の意志に基いて運行される事」、および「学友会委員会をやめて各学部より選出される学生委員会を以て之に換る」ことを主眼としていた。[37] 東京帝国大学には学友会設立以前から緑会（法学部）・丁友会（工学部）などの学部会が存在し、独自に活動を行っていたが、ここにおいて学友会の支部として統一されることとなった。

その後、この学部会統一の問題や予算配分の問題などで議論は一時紛糾したものの、一九二四年三月二五日の学友会総会において新組織案が満場一致で可決された。[38] この時定められた「東京帝国大学学友会定款」によれば、この学友会の目的および組織は以下のとおりである。

第一条　本会ハ運動、講演、音楽其ノ他ノ方法ニ依リテ会員ノ心身ヲ錬磨シ福利ヲ増進シ且ツ汎ク一般学生ノ品性及趣味ノ向上発達ヲ図ルヲ以テ目的トス
第二条　本会ハ東京帝国大学学友会ト称ス
第三条　本会ノ事務所ハ之ヲ東京帝国大学構内ニ置ク
第四条　東京帝国大学ノ職員及学生ヲ以テ本会ノ会員トス選科生徒ハ本会ノ会員トナルコトヲ得
第五条　東京帝国大学ノ卒業生ハ本会ノ賛助会員タルコトヲ得
前項ニ掲ケタル者ノ外東京帝国大学ニ縁故アル者又ハ本会ノ目的ヲ賛助スル者ノ中ヨリ理事会ニ於テ特ニ賛助会員ヲ推薦スルコトヲ得
（中略）
第九条　本会ニ理事十六名監事三名ヲ置ク
第十条　理事ハ本会一切ノ事務ヲ処理ス
第十一条　理事ノ内八名ハ東京帝国大学総長及各学部長ヲ以テ之ニ充テ七名ハ各学部ノ会員中ヨリ各一名ヲ其ノ他ノ一名及監事三名ハ一般会員中ヨリ総会ニ於テ之ヲ選任ス
第十二条　東京帝国大学総長タル理事ヲ会長ト称シ之ニ本会ノ常務ヲ委任ス
会長ハ本会ヲ代表ス(39)

以上をみると、第一条の会の目的は前掲の旧定款からほとんど変わっておらず、教職員や卒業生も会員であることにも変化はみられない。しかし、定款と同時に改正された「東京帝国大学学友会規則」をみると、会の中での学生の地位などに大きな変化がみられる。

第二章　役員

第五条　本会ニ理事監事ノ外左ノ役員ヲ置ク

部長　各部一名

常務委員　各部若干名

学生委員　若干名

（中略）

第六章　学生委員

第十六条　学生委員ハ各学部ニ於テ通常会員中ヨリ選挙ヲ以テ之ヲ定ム

第十七条　各学部ニ於テ選出スヘキ学生委員ノ数ハ次ノ如ク之ヲ定ム

通常会員数五百名マテハ毎百名及其ノ端数ニ付一名、五百名以上九百五十名マテハ百五十名ヲ増ス毎ニ一名ヲ増シ夫レ以上ハ二百名ヲ増ス毎ニ一名ヲ増ス

第十八条　選挙ハ毎年一月之ヲ行フ但中央部ノ見込ニヨリ多少変更スルコトヲ得

第十九条　学生委員会ハ本会ノ全般ニ亘ル事項ヲ協議ス

第二十条　学生委員会ハ中央部々長之ヲ招集ス

但理事会、常務委員会、学生委員十名以上又ハ会員百名以上ノ要求アルトキハ一週間内ニ招集ノ手続ヲ為スコトヲ要ス

第二十一条　学生委員会ハ全委員ノ半数以上出席スルニ非レハ議決ヲナスコトヲ得ス

第二十二条　通常会員ハ学生委員会ニ出席発言スルコトヲ得

（中略）

第十一章　支部
第三十二条　各学部支部ハ其ノ学部ニ限ラルヘキ事業ヲ行フ
第三十三条　各支部ハ理事会ノ承認ヲ経テ其ノ名称及規則ヲ定ム(40)

以上をみると、少数ながら学生委員が役員の中に入っており（第五条）、「本会ノ全般ニ亘ル事項ヲ協議」することを許されている（第十九条）など、学生の意見が会の運営に反映されやすい組織になっていることがわかる。スミスによれば、この学生委員の多くは新人会会員で占められていたようである。(41)また、各学部会を学友会の支部とし、「其ノ学部ニ限ラルヘキ事業ヲ行フ」（第三十二条）ことにしたことにより、事業の重複などを避け予算を効率良く使えるようになっている。

しかし一九二六年に入ると、当時力を強めていた社会科学研究会の学友会からの独立問題、さらに運動部の脱退問題も発生するなど内部対立があいついで起こるようになった。このような事態に陥ったことで、二八年三月二九日に開かれた学友会理事会の決議により、全学組織としての学友会は解散することとなった。(42)

（二）京都学連事件と京都帝国大学における学友会改善運動

一九二三年六月の第一次日本共産党事件と同年九月の関東大震災の影響により、社会主義運動全般は「リベツ化」と呼ばれる戦線縮小の時期に入った。しかし学連においては、震災後から翌二四年夏にかけて三〇もの新しい団体が加入し、全国的連合体へと急速に成長していった。(43)京都帝国大学においても二三年一〇月、河上肇経済学部教授を中心とした思想問題研究会である伍民会が発足し、同年一二月中旬には社会科学研究会（以下、京大社研）と改称して学連への加盟を決議している。(44)

このような状況の中、学連は一九二三年九月東京帝国大学において全国大会を開催し、会の名称を学生社会科学連合会と改めた。この頃から同会の活動は活発化し、二四年秋から二五年春にかけて全国的に巻き起った国際平和デー運動、学生軍事教育反対運動などに参加し、「或は各所に演説会を開き、或は文部省に陳情団を派し、或は不穏なビラを撒布し或は街頭示威を行ふ等」(45)の活動を行っている。

さらに一九二五年七月には、京都帝国大学にて第二回全国大会を開催し、名称を全日本学生社会科学連合会と改めた。さらに大会テーゼとして「学生運動は無産階級運動の一翼としてマルキシズム、レーニズムを指導精神とするものなり」との趣旨を表明し、(46)学連は名実ともに学生社会主義運動団体となった。なお、同年秋における学連加盟団体数は七十余、会員総数は一千名と増大している。(47)

以上のように短期間で大きな発展・変化をみせた学連であったが、この第二回全国大会の四カ月後に大きな弾圧が加えられることになる。治安維持法適用第一号となる「京都学連事件」である。治安維持法が成立した一九二五年の一一月一五日、京都市内および同志社大学構内に朝鮮自由労働団体ほか四団体名義の軍事教育反対の宣伝ビラが配布された。翌月一日には、「不穏文書出版」（実際は研究会用の非発禁本の翻訳のプリント）のかどで、京都帝国大学および同大学学生ら三七名の居宅、京大社研本部の家宅捜索が行われ、社研部員一八名と同志社大学生一五名が検束された。(48)この事件後、学連に対する取り締まりは強化され、学生社会主義運動は次第に学校内部へ潜在化していく。そしてそれは名前や姿を変え、学生自治などを求めて活動していくことになる。

一九二五年一二月一日、京都学連事件によって社研の学生が検束された京都帝国大学においては、その直後から学生・教授らによって抗議声明が出された。同月七日に被検束学生が全員釈放されると、京大社研はその夜京大内の学生集会所において事件の報告茶話会を開いた。そして翌八日には同志社大学社会科学研究会、同大学講演部、同大学高等商業部らと合同主催の下に三条基督教青年会館において報告演説会を開くなど、活発な弁明活動を行った。[49]

これに対して学友会の代議員は一二月四日夜、「学生有志として社会科学研究会とは全く別の立場から（中略）此の際学生として何らかの方法において今回の事件に対する学生全体の意思を表明すべく」協議を行った。[50]有志としての声明書を作成し、学生大会を開くべく時期などに関して慎重に協議し、一四日、法経第一教室において学生大会を開催した。

同大会においては、「府当局、内務大臣の弁明」「大学当局の決起」などが決議されたが、注目に値するのは「学生生活の自治を確保するために自治機関の設立を期す」という附帯決議がなされたことである。[51]また、これによって有志学生により学生自治機関設置実行委員会なるものまで置かれている。しかし結局大学当局は「学生自治機関設置の此議は学生大会の目的の範囲外なり」として学生自治機関の設置を認めず、学生自治機関設置実行委員会は一九二六年五月一日、『京都帝国大学新聞』上に「解散声明書」を発表して解散にいたった。[52]

しかしそのわずか二〇日後、社研によって組織された「学友会改善促進会」を名乗る学生グループ[53]が、同じ『京都帝国大学新聞』紙上に「学友会の改善に就いて」と題した学友会改革案を提示した。そこには「学友会の現状」としておもに二つの問題点が指摘されている。それは第一に、代議員選挙そのものが多数学生の無関心の下で適切に実施されていないこと、第二に、学友会の活動そのものが運動部に偏重し、一般学生から徴収される会費[54]が運動部を中心とする一部学生によってのみ利用され、一般学生から遊離した運営がなされていることであった。[55]

また、この「学友会改善促進会」は以上の問題の改善策として、以下の三点をまとめ、学友会員の賛成署名を得てその改革案を役員会に提出した。

第一、立法機関に於ては各学部より選出する代議員の数を増加し各学部正会員総数百分の一に五を加えたるものを以て定数とし之によりて全然学生のみの代議員会を設け更に幹事のみを以て幹事会を設けて二院制を執り、一方学生をして自治の成果を挙げ他方当局をして教導の実を得しめんとする

第二、執行機関に在っては各部委員中より各一名の常任委員を選出し各部の事務を分掌せしめ、別に全学生中より五名の総務委員を選任し諸般の統一連絡を計らしめる。

第三、新しく共済部学芸部を設け食堂の改善、商人の管理を行い真に学生全般の福利増進に期する(56)

このような改善促進会の活動に対し、一九二七年一月二六日に開かれた学友会臨時役員会では、荒木寅三郎会長（総長）より調査委員会を設け、学友会規則の検討を行うことが提案され、了承された(57)。調査の結果を受け同年一一月一四日の臨時役員会では、共済部新設のほか規則の若干の改正を、さしたる異議なく可決した(58)。しかし、改善促進会側はこれに満足せず再検討を求めて活動を続けた。そして一九三〇年にいたり、改善促進会は(1)専務幹事の大きな権限が残っていること、(2)学生代議員の選挙権・被選挙権を会費未納者には与えられていないこと、の二点を理由に学友会費不払運動を開始した。この学友会費不払運動は三七年まで続いたようである(59)。

以上のように、京都学連事件後に京大社研によって組織された学友会改善促進会は、学生代議員の選挙権を会費未納者の学生にも認めること、教職員幹事の権限の縮小などを求め、それらが受け入れられないと会費不払運動によって学友会を廃止に追い込もうとした。このような活動を行った理由としては、第一に、京都学連事件以後の取り締まりの強化により、学連および社研の運動に大きな制約が加えられたことによって、運動の力点が学外から学内へと移ったこと、第二に会員の幅を広げ、学生の権限を強化することによって、学友会を

新たな学生運動の拠点としようとしたことが考えられる。

(三) 官公私立大学における学生自治組織設立運動

早稲田大学においては一九二六年一一月、「早大学生自治機関設立準備協議会」が結成された。これは同大学の社会科学研究会・社会事業研究会・読書会・雄弁会が中心となって結成したもので、学生委員制度はあるが、なんら協賛機関の性質すら有せず、学校の任命によるものであるので、学生の意志を学校に貫徹すべき自治機関を設立すべく活動を開始した。

折しも、一九二六年一一月一二日に労働農民党の中央執行委員長の推薦を受諾した大山郁夫政治経済学部教授に対して、大学側が辞職を勧告するという問題が起こった。そこで大山が会長を務めていた早大社会科学研究会の学生・卒業生などが中心となり留任運動を起こすのであるが、ここで注目すべきことは、彼らがこれと同時進行で「学生自治機関設立運動」を起こしていることである。

早大社会科学研究会はこの年の秋、その指導下にあった社会事業研究会・読書会・雄弁会と提携して「早大学生自治機関設立運動」を起こし、一八学舎、四クラスの賛成加盟を得て、一一月には「早大学生自治機関設立準備協議会」を発足させている。この協議会は「「自由のための自治」「組織なき所に自治なし」「学生大衆よ団結せよ」のスローガンを掲げ」「学生自治の徹底を強調して、学生委員の権限拡張、学生委員会の確立」などを宣言した[60]。この直後、大山教授の辞職問題が起こったのである。

一九二六年一二月一五日、自治機関設立準備協議会は大山教授留任運動を学内自治運動にまで発展させるべき方針を申し合わせた。二四日には全学学生大会を開き、⑴教授の政党加入自由の原則確立、⑵大山教授留任、⑶理事会の専横なる態度に対する絶対的反対、⑷教授会の公開が決議された。この学生の運動の影響か、同日開かれた政経学部教授会においては大山教授留任希望、および処遇決定まで一〇日間の留保を決議したが、大学側は二六日緊急教授会を開催して大山教授の処分を決定した。[61] これに対して学生側は翌二七年二月一〇日に大山教授送別会を開催し、その中で「学生自治同盟」の発会を決議するも、二〇日には首謀学生九名に対して退学処分の通告がなされ、一連の早大事件は収束した。

会長を失った早大社会科学研究会はその後、実践運動は行わず理論学習に専念するという条件で北沢新次郎商学部教授を新会長に迎えた。しかし、一九二七年一一月七日、ロシア革命を記念しての研究会を無断で開催したことにより、北沢が会長を退き、後任の会長もみつからなかったため、学内の公認団体であり続けることはできず、解散にいたった。[62] しかしその後も、残ったメンバーで活動を続け、学生自治組織設立運動を展開していく。これについては次節で述べる。

第三節　共産青年同盟指導下の学生自治組織

(一) 学連の解体と共産青年同盟指導の開始

一九二八年三月、第二次日本共産党事件(三・一五事件)が発生した。これに連座して学連の中心人物の多くが起訴されたり退学処分を受けたりした。さらに、文部省はこの事件を契機に、各大学の社会科学研究会を解散させることにしたため、学連は大打撃を受けた。新人会も、地下に潜ることにより大学当局の公式解散命令は切り抜けたものの、新人会の名前で活動することは困難になった(63)。

このような状況から、学連以外の組織が学生運動をリードしていく必要に迫られていき、共産青年同盟（以下、共青）(64)を経由した共産党自身による指導体制が取られるようになった。さらに一九三一年春、共産党はその再建方針として、従来の党員募集の際のセクト的傾向を改め、希望者はすべて採用する大衆化方針を打ち出した。党のこの新運動方針に影響され、学生運動においても組織改革が行われた。具体的には、エージェント・グループ（A・G）を解体してそのかわりに共青の学校細胞を再組織し、その補助機関として自治学生会（自学）、読書会、無産新聞、反帝同盟、学生消費組合などを組織することであった。ここにおいて、A・Gの時には形式上党本部とは分断されていた学生組織が、共青細胞を通じて党の上層部まで繋がることとなる。共青細胞の下部組織のうち、もっとも重要な役割を担ったのが自治学生会である。一九三一年五月に堅山利忠によって出された学生テーゼの修正版「「革命的青年学生の任務」に対する二三の補足と訂正」（新学生テーゼ）によると、その性格は次のとおりである。

学生の広汎な大衆的日常機関である。学生大衆の一切の不平、不満は此の組織によってかかげられねばならず、学内に於ける一切の闘争は此れを中心として行はれねばならぬ。（中略）或ひは既設の反動的学生委員会の自主化乃至破壊がなされる。(65)

以上のような性格を有する自治学生会が各高等教育機関に設けられると、学生の不平、不満を取り上げて学校当局に対して闘争を行う、学友会を排撃するなどの運動を行った。松村禎彦によると、この自治学生会は、「プロレタリアの指導、直接には共青の指導を受けて、学生大衆の不平、不満を掲げて学校当局と闘争し、革命的学生に依る学校行政の管理を目標とする学内に於ける学生大衆の組織」であるとされている。(66) 自治学生会が設立されたのは、帝国大学では東京帝国大学、京都帝国大学、九州帝国大学など私立大学では早稲田大学、日本大学、中央大学など、高等学校では第三高等学校、第六高等学校、弘前高等学校などがあげられる。

以下、一九三〇年前後に存在した、東京帝国大学・京都帝国大学・早稲田大学の自治学生会組織についてみていく。

（二）自治学生会の結成

まず東京帝国大学の例であるが、東京帝国大学自治学生会は「学生の広汎な大衆的日常闘争機関」として一九三一年五月に結成された。(67) 共青東京帝国大学細胞機関紙『赤門戦士』創刊号（一九三一年六月一日付）には、「満場の拍手に迎へられ自治学生会のメッセーヂ読まる」との見出しで、自治学生会について以下のように述べている。

> 暴利を貪る学内売店と結托《ママ》して、学費による学内食堂売店の管理をいふ学生大衆の真摯な要求を蹂躙する学校当局に対する要求を、即ち学内自治権力得《ママ》の為めの斗争を堂々宣言し、自治学生会が学生日常の利益のために斗争する組織である事を明にした。

これをみると、東京帝国大学における自治学生会は「学生日常の利益のために斗争する組織」であるとしており、前掲の松村の定義と一致している。この記事の最後には「学校に対して不平不満をもつ総ての学生諸君は自治学生会へ！」と記されており、この自治学生会が学生の不平不満を集約して学校当局へ闘争を行う組織であることが如実に示されている。

この自治学生会の組織・運動について詳しくみていくと、『赤門戦士』第二号においては「俺達は高校別・クラス別に自主的委員を選出して、自主的学生委員会を結成して当局に当らねばならぬ。この自主的学生委員会を指導するものこそ自治学生会なのだ」[68]と述べている。自治学生会の下に高校別・クラス別の委員会を設け、全学的組織を作ろうとしていたことがみて取れる。また、同第三号附録においては、「東大自治学生会行動綱領草案」として、闘争方針・目標について以下の三一項目が挙げられている。

1. 講義時間割作成に対する学生参加
2. 科目選択の自由、研究室の開放、図書館書籍の充実
3. 学生証の改正反対、従来の学生証の効力を認めよ。
4. 授業料八拾円、教科書五割値下
5. 就職の保証獲得
6. 学内御用商人の追放
7. 赤門学生消費組合の学内公認及び学内売店・食堂の学費による経営
8. 学生ホール・控所・寄宿寮の設置
9. 御用共済会の打倒
10. 共済事業の学生による管理

11. 学生課・守衛制度廃止
12. 資本家的思想善導絶対反対
13. 軍国主義的教育反対、即時軍事教練の廃止
14. 学内反動団体、宗教団体の撲滅
15. マルクス・レーニン主義研究の自由
16. 学内警察権侵入絶対反対
17. 赤色自警団の確立
18. 進歩的職員学生の処罰追放絶対反対、及びその取消
19. 学内言論・集会・出版・結社の自由
20. 反動運動会の打倒
21. 赤色スポーツ団の確立
22. 反動評議員会の廃止
23. 反動学友会長の追放
24. 学友会委員の公選
25. 学友会々費全廃
26. 御用学友会の打倒
27. 自主的クラス会、自主的学生委員会の建設万才
28. 全学生は自治学生会に入れ
29. ブルジョア教育の破壊

30．学校行政を革命的学生の手へ
31．日本共産青年同盟の旗の下に

ここで注目すべき点としては、第一に、27および28において、自治学生会とその下部組織となるクラス会・学生委員会の建設について言及していること、第二に、その一方で、23から26においては学友会の改革（当時全学学友会は解散していたので、各学部の学友会組織と思われる）についても言及していること、第三に、「1．講義時間割作成に対する学生参加」「10．共済事業の学生による管理」など、より広範な学生の自治を求めていることである。

以上のように、東京帝国大学における自治学生会は、学生の日常の利益のために闘争する組織として設立され、学生の利益および自治獲得のための行動綱領草案も策定された。しかしながら、その後目立った活動は行われず、結成の翌一九三二年七月中旬、共産青年同盟東京市学生対策部会において自治学生会の解消が決議されたことに応じて解消した[69]。これは同年コミンテルン（共産党の国際組織）が発表した「三二年テーゼ」の影響と考えられるが、これについては次項で述べることにする。

早稲田大学においては一九二八年六月二六日、雄弁会主催で大学擁護デーの記念演説会が開催された。大学擁護デーとは、二三年六月五日に第一次日本共産党事件において政治経済学部教授であった佐野学・猪俣津南雄の研究室が捜索を受けた「研究室蹂躙事件」に抗議して、学連が六月二六日に神田青年会館において演説会を開催したことに由来する。二八年の大学擁護デーの演説会においては、前年解散させられていた社会科学研究会のフラクションの学生たちが演壇を占拠し、演説会を学生大会に切り替える決議を行った。この学生大会においては、早大自治学生会の結成が決議されている[70]。雄弁会はこの事件を契機に会長が辞任し、社会科学研究会同様解散にいたったが、翌二九年に繰り広げられた雄弁会解散反対運動においても、早大自治学生会は「学友会の教授会長制度を廃止せよ！」「学生の自治委員会を設立せよ！」などをスローガンに運動を行っていた。[71] また、三一年の大学擁護デーにおいても自治学生会が結成され、翌三二年の大学擁護デーに檄文を撒布するなどしたが、同年九月に解散したとされている。[72] このように、早稲田大学においても散発的ではあるものの、自治学生会という名称の組織が誕生している。

また、一九三〇年一〇月に早慶野球戦の入場券配布をめぐって起こった「早慶戦切符事件」においては、学内の学生委員たちが全早稲田連合学生委員会を結成して当局との交渉にあたっており、一〇月一八日に開催された学生大会において「全早稲田連合学生委員会を公認せよ」という決議をなしている。[73] この事件は共青が主導したというわけではないが、「社会科学研究会や雄弁会などの団体の解散とかが、背景に充満して」おり、「共産党の地下組織がすでに学内に潜在していて、彼らはこの時とばかりに各クラスでアジ演説をぶった」ということである。[74]

「早慶戦切符事件」はその後、当時逓信政務次官であった校友・中野正剛の調停によって解決し、連合学生委員会の公認は大学当局によって退けられた。これ以降、同大学においては戦後にいたるまで目立った学生自治組織設立の動きはみられなかった。

(三)「学生自治会」の結成

京都帝国大学においては一九三一年六月、京都帝国大学学生自治会が設けられている。管見の限り、「学生自治会」という名称を用いた最初の組織である。これについて松村は、以下のように述べている。

関西方面に於ては自治学生会が存在しないで、学生自治会の存在せる学校が多い。その孰れもが京大自治会の影響下に結成せられたものと認められるが、大体京大自治会は、京大R・Sの後身で、R・Sが1.マルキシズムの研究機関たる間は専ら理論の研究に終始するから、学生大衆の不平、不満を取上げられない、2.現在の状態で闘争を行ふと、意識水準の低いメンバーにも闘争を求めなければならないことになり、これ等の者に過重の負担を負はせることになる、との理由から昭、六、六学内大衆的闘争機関に転化して京大自治会と名乗るに至った事実に徴すると、これは結局自学と同一のものと解すべきである。(75)

ここで述べられているR・Sとは読書会（Reading Society）のことであり、引用文中にあるようにマルキシズムの研究組織であった。このため「学内大衆的闘争機関」の設置が必要となり、「学生自治会」が設けられたのである。その設置の経緯、および設立の時期が東京帝国大学自治学生会とほぼ同時期であることから、この「学生自治会」は松村が言及しているとおり、自治学生会と同一のものであると考えられる。京大自治会について、松村は続けてこう述べている。

京大自治会は昭、六、六結成。同年八、二六、検挙により壊滅したが残留分子は直ちに再建を遂げ、一、高校別に依る代表選出、二、検挙学生の学校処分反対、三、学消弾圧反対、四、授業料値下等の題目を掲げ機関紙「カメラーデ」を発行して果敢な運動を行った。この運動の中心分子たりし杉村正次郎等は昭、七、二検挙せられ、その後一時活動は中絶されてゐたが、岩本孝雄等は更に再建を行ひ、昭、七、六以降共済部経営の食堂を共済部長監督の下に置かんとする大学の方針と、之を自主的経営にせんとする学生の意見とが対立せるに乗じ、十数回アヂビラを撒布して一般学生を宣伝、煽動した。その頃自治会のメンバーは約三十名あったと云はれる。同会はその後も屢々検挙を受けたが仲々壊滅せず執拗な活動を続けた。自治会の運動がこの頃から既に合法場面の利用にも向けられてゐたことは稍興味がある。当時左傾学生は学友会をブルジョア的であるとして「学友会費を納めずに学消に入れ」とか「学友会を粉砕せよ」とかのスローガンを掲げてゐた。学友会では対策上、代議員制度を設けて学友会費七円以上納入した者に限り、代議員の選挙権、被選挙権を与えることに規則を改正した。ところが左傾学生は、急に揃って七円の費用を納入して選挙権、被選挙権を獲得し、同志中より、代議員を選出して学友会をリードし、結局は之を粉砕せんとの作戦を樹て、二百枚のアヂビラを撒布して選挙運動を起すに至った。これは学校当局より不穏行動なりとて阻止されたが、その作戦の巧妙なることは誠に驚くべきものがあると共に、策の為には昨日のスローガンを一朝にして廃棄する共産主義運動の無節操なことを如実に示してゐる。(76)

以上をみると、メンバーが約三〇名と少数であり、全学生の意志を代表し得る機関ではなかったことから、第二次大戦後各大学に設けられた学生自治会とは異なる機関であったと考えられる。ただし、高校別の代表選出、授業料値下げ要求など、戦後の学生自治会にも共通する特徴がいくつかみられる。

次に、京都帝国大学自治会の活動であるが、引用文中にあるように、学内における合法的な活動がメインであったことが特徴としてあげられる。その内容も、授業料値下げなど、学生の日常要求が中心となっている。また、学生消費組合の擁護や学友会の粉砕など、東京帝国大学自治学生会の活動方針と重なる部分もみられる。学友会改善運動については、前述の学友会改善促進会の活動と時期・内容ともに重なっている。改善促進会のほうが設立時期が早く、京都帝国大学自治会ができる前年には会費不払運動を始めていたことから、改善促進会の活動に、自治会が提携・協力するかたちをとったと考えられる。

一九三二年五月三〇日、コミンテルンは「日本の情勢と日本共産党の任務に関するテーゼ」（三二年テーゼ）を発表した。これについて『最近に於ける左翼学生運動』によれば、「満洲事変が勃発するや、コミンテルンは日本に君主々義的ファシズムが台頭したものと観念し、狼狽して政治テーゼ草案の極左的偏向を警告し、之を否定する反対テーゼたる三二年テーゼを発表した」とされている。この三二年テーゼにおける一番大きな変更点としては、「天皇制に対する批判」があげられる。政治テーゼにおいては、批判の中心は金融資本など支配階級にあったのに対して、三二年テーゼにおいては、天皇制粉砕が第一の目的とされている。

この共産党の運動方針の転換は、必然的に学生運動にも影響を与えた。共青は一九三二年六月中央委員会組織部内に中央学生対策部（学対）を作り、この学対で同年八月「新テーゼを中心に種々協議をした結果、学生層と雖も指導如何に依っては革命の際に於て人民革命の一翼を担当し得べきものであるから、従来の如く「革命時における一般学生層の中立化政策」を採ることは誤謬である」との結論に到達した。[77]そこで、従来「中立化政策」のために設けられた学内の様々な補助組織を解消することに決定し、各責任者に口頭でこの旨を通知した。[78]これにより、自治学生会など、各大学における共産青年同盟の下部組織は順次解消することとなった。

（四）滝川事件と学友会改革運動

次に、一九三三年に起こった滝川事件について、左翼学生運動の観点から述べていく。滝川事件は周知のとおり、京都帝国大学法学部教授であった滝川幸辰が、その著書『刑法読本』の発禁処分に伴い、同年五月二六日、休職処分に付されたことが発端となっている。この事件の経緯、および京都帝国大学法学部教授らによる抵抗運動については、数多くの論考[79]が出されているためここでは言及せず、学生の動向についてのみ述べていく。

まず、滝川事件における京都帝国大学の左翼学生の動向について、『最近に於ける左翼学生運動』の記述をみていく。

先づ京大に於ては、五月下旬左翼分子が之を絶好の闘争題目として盛に暗躍したが、その結果経済学部が第一に動き、同学部学生は大会を開いて、同学部教授が静観主義を採ってゐることに反対してその奮起を促す旨を決議し、遂に経済学部学生一同の署名を以て「経済学部学生は教官の講義を辞退す」との決議を為すに至った。次で法学部文学部の学生が立上り各学部共高代会議（高等学校代表者会議）を組織して結束を確めると同時に、善処方法を協議したが、六月六日には遂に全学生大会を開いて、学問研究の自由並に文相問責の件を可決して文部当局との抗争を声明した。この騒擾には党及共青が終始策動し問題激化に努め、（中略）京大に共青細胞を再建せしめるに成功した（後略）[80]

以上のように、京都帝国大学においては各学部の学生が出身高校別に高等学校代表者会議（高代会議）を組織し、結束して運動を行い、その運動の高揚によって、たびかさなる検挙によって壊滅状態であった京都帝国大学共青細胞も再建された。高代会議の中心メンバーは共青細胞員だったと言われている[81]。そして、この動きは京都帝国大学のみにとどまらなかった。東京帝国大学・東北帝国大学・京都府立医学専門学校においても、京都帝国大学の動きに呼応して同様の運動が起こったが、中でも激しい運動が起こったのは東京帝国大学である。同大学の学生の動向については以下のとおりである。

東大に於ては同様左翼学生に依り逸早くこの問題が採り上げられ、同年五月経済学部が先づ立って京大の方針に従ひ高代会議を組織し、次で法学部、文学部も蹶起して六月十七日には各学部連絡して学生大会を開催し、更に同月二十一日美濃部教授の講義中に突如学生大会が開催され「学問の自由をよこせ」「滝川教授即時復職」等のスローガンを掲げ騒擾した。(82)

以上が概況であるが、共青東京帝国大学細胞機関紙『赤門戦士』をみると、学生達の運動の詳細、彼らの問題意識の所在がよくわかる。

> 滝川教授は何故大学を追放されねばならないか？
> それは天皇制を其の反動支柱とする現支配階級のたくらむ帝国主義的強盗戦争強行策の一つの□□として理解されねばならぬ。（中略）戦争遂行のための天皇政府の一貫した反動政策の一つの具体的な表れである。国内に於ける大衆の革命的昂揚、ウツボツたる戦争反対の気分の為に、支配階級は戦争遂行上最早偽満《ママ》的憲法の与へる程度に制限された政治的権利と形式的自由すらも許し得ず、その最後の一片をも我々から剥奪し完全な奴隷的無権利状態に陥し入れんとしてゐる。(83)

さらに一九三三年五月二九日に発行された『赤門戦士』号外の冒頭部分には、「滝川教授処分絶対反対！」「学問研究の自由・言論《ママ》・集会の自由をよこせ」「凡ゆる研究会・クラス会・同窓会の公認！」「御用学友会を、学生の学友会に！」「学校行政に、学生を参加させろ！」「食堂売店の学生管理！」「授業料を八十円にしろ！」「貧困学生の授業料無条件免除！」「軍教反対！」などのスローガンが掲げられている。

以上をみると、当時の学生達、共青細胞の学生達は、(1)滝川教授追放を戦争遂行のための政府の策略だと捉えていたこと、(2)滝川教授追放反対運動に乗じて、戦争・軍教反対や、授業料値下げ運動をも展開していたことがわかる。また、ここでは天皇制批判も公然と行われている。また、学友会改革、授業料免除など、従来の学生運動の課題となっていたものも、ここにおいて再燃していることがわかる。

この事件が学生達に与えた影響は大きく、五月二六日は「滝川事件記念日」とされ、翌年以降も同日になると各大学で様々な記念集会が催されるようになる。例をあげると、京都帝国大学においては、翌一九三四年五月二五日の講義中、「突如一学生が起立して「明日の記念日を想起せよ、我々は最後に諸先生に依って教えられた学生の本分を忘れず、明日を記念する為講義を辞退し一同八瀬にピクニックせよ」云々と制止を肯せずしてアヂ演説を試み、周囲に座席を占めてゐた学生約三十名と共に退場し」[84]たほか、記念日当日には免官教授の京大復帰を求める垂れ幕が時計台から下げられた[85]。また東京帝国大学においては、共青細胞の機関紙『赤門戦士』において、「迫り来る滝川闘争記念日、学問研究の自由、大学自治擁護の旗の下に研究会、座談会、ピクニックの実行と処分反対の署名とにより闘へ！京都の兄弟達に負けるな」[86]という見出しの記事が掲載されている。

以上のように、滝川事件により学生たちは「大学の自治」に目を向けるようになり、三二年テーゼの影響で沈滞していた学生の利益・自治を求める動きも再び活発化した。京都帝国大学においては、一九三五年以後も高代会議を中心に、どの部にも属さない中立代議員を送り込む[87]、学友会の自由加入制を守るため会費不払運動を行うなど[88]、学友会改革運動が行われた。しかしその後、一斉検挙や右翼勢力の台頭により左翼学生運動そのものが沈滞し、反戦運動や学内文化団体の活動に収斂されていった。学生の自治を求める動きも目立ったものはみられなくなり、彼らが改革しようとした学友会組織も四〇年に入ると、学校報国団として戦時体制に組み入れられていくことになる。

第四節　戦時下における統制組織

(一) 学校報国団設立指示

一九三八年、国家総動員法が公布されたことにより、国民全体が戦時体制下に組み込まれていった。産業界においては各事業所に産業報国会が設けられ、四〇年二月には吉田茂厚生大臣が労働組合の自発的解消を求め、労働者の組織化が行われている。(89) このような情勢において、学校・学生もまた組織化され、戦時体制へと組み込まれていった。

一九四〇年九月一七日、戦時体制の中、第二次近衛内閣の橋田邦彦文部大臣は、高等学校校長会議において「修練組織強化ニ関スル件」を指示し、「在来ノ校友会其ノ他ノ校内団体ヲ再組織シテ現下重要ナル諸種ノ修練施設ヲ加ヘ学校長ヲ中心トシ教職員生徒ヲ打ツテ一丸トスル団体タラシメ」ることを求めた。(90) これと同様の趣旨の指示はその後、専門学校長会議（一〇月一日）・帝国大学学長会議（一〇月二八日）・私立大学学長会議（一一月一三日）などにおいてもなされ、これによって各学校に学校報国団が組織されることとなる。その学校報国団の内容は以下のとおりである。

（一）名称

報国精神ヲ具現スベキモノヲ選定スルコト例ヘバ報国団等ノ如シ

（二）組織

本団体ハ当該学校ノ全職員及全生徒ヲ以テ組織シ概ネ左ノ各部ヲ置ク

1、総務部

総務部ハ本団体ノ使命タル校風作興、風尚刷新ノ中心トナリ各部ノ事業ニ関シ根本的ナル企画統制ヲ行ヒ常ニ事業運行ノ推進力トナル

2、鍛錬部

鍛錬部ハ勤労奉仕作業、剛健旅行、合宿訓練等ヲ加ヘテ之ヲ再組織シ専ラ行的ナル身心鍛錬ヲ為ス

3、国防訓練部

滑空訓練、射撃、馬術、海事訓練、防空訓練、自動車又航空機操縦等ノ国防訓練ヲ為ス

4、文化部

現在ノ校友会ニ於ケル学問、芸術等ニ関スル部門ニ付本団体ノ趣旨並其ノ学校ノ特殊性ニ鑑ミ厳重ニ考覈選択ヲ加ヘテ再組織ヲナス

5、生活部

保健、共済、学費、宿所等生徒生活ノ全般ニ亙リテ積極的ニ監督、指導、斡旋ヲナス各部ハ必要ニ応ジ更ニ之ヲ部又ハ班ニ分ツコトヲ得

（三）役員

1、会長（団長）

校長之ニ当リ本団体ヲ統轄シ役員ヲ任免ス

2、部長

総務部長ハ会長ヲ輔佐シ部務ヲ掌理ス

鍛錬、国防訓練、文化、生活各部ノ部長ハ教授又ハ生徒主事トシ各担任部務ヲ掌理ス

3、理事

総務部理事ハ生徒主事、各部部長、学級主任教授トシ部長ヲ輔佐シ部務ニ参画ス

4、各部内ノ部長又ハ班長

各部内ノ部長又ハ班長ハ教授又ハ生徒主事之ニ当リ部長ヲ輔佐シ部務又ハ班務ヲ掌ル

5、幹事(詳細は省略―筆者注)[91]

(二)組織の条文をみると、「当該学校ノ全職員及全生徒ヲ以テ組織シ」とあり、この学校報国団が職員・学生全員が加入しなければならないものであったことがわかる。先述の学友会組織は必ずしも全員が加入しなければならないものではなかった。また「(三)役員」の構成をみると、部長、理事、班長など、主要な役職には教職員が就き、その上には「本団体ヲ統轄シ役員ヲ任免」する会長(校長)が置かれている。これによって校長―教職員―学生・生徒という縦のつながりによる統制組織が学校内部につくられることになった。

これを受けて、各高等教育機関においては学生の修練組織の結成が進められた。「教学ノ本義ニ基ク修練道場」や「勤労奉仕作業、剛健旅行、合宿訓練等ヲ加ヘテ之ヲ再組織シ[92]」の部分をとって学徒錬成部を組織した早稲田大学のように、独自の組織を結成した大学もあるが、すでに学友会組織が存在した大学の多くは、学友会組織を学校報国団へと改組した。以下、東京帝国大学と京都帝国大学の事例についてみていく。

(二) 学校報国団組織の設立

東京帝国大学においては、第二節(一)で述べたように一九二八年三月に全学学友会が解散していたため、新たに報国団組織がつくられることになった。四〇年一〇月一五日の評議会の席上、平賀譲総長は「現在ノ運動会、学友会、其ノ他学内外ノ諸団トノ関係並ニ学生ト政治問題等ヲモ検討セラレ度」と提議し、[93]この時期新設された「学生課参与」[94]と呼ばれる役職にいた教官らが中心となって検討を進めることとなった。彼らは同月二二日の評議会に、報国団組織である全学会の設立要綱原案を提出し、評議会は彼らの原案をもとに、一一月以降全学会規程制定のための具体的審議を開始している。[95]

折しも学生側においては、学部別の学友会組織の上に総務部を設けて、大学当局との連携を緊密にしようとする動きがみられた。『帝国大学新聞』の記事によると、以下のような論点に基づいて、各学部の学友会委員などの学生の間で議論が進められたようである。

一、既存の学友会を一挙に解散して連合学友会の如きものを設立することは決して良策とは云へないが、今日の学友会が兎もすれば一学部内でのみその学部学生の意向を反映し学生総意の反映にまで発展し得ぬ現状に鑑み、七学部を横に連結し同時に縦に大学当局と連結を可能ならしめる総務部の如きものの設立が望ましい、(中略)

一、各学友会の横断的連絡が取れたならば現在重複しつゝ、ある講演、学友会雑誌、その他に関しては充分考慮が払われ得るのでその暁には学友会機構の改廃も行はれ得るであらう。[96]

以上をみると、既存の学部別の学友会組織のみでは学生の総意を反映させられない、会の事業が重複しているなどの問題があり、全学組織あるいは学部別学友会を連結する組織が必要であることを、学生側も認識していたことがわかる。そのような中、大学当局から全学会の構想が発表されると、各学部学友会の学生委員と学生課との間で開かれた懇談の席上で、「各学部会では全学会案の趣旨に対してはこれ迄夫々努力して来たところであるとし賛意を表明」している。また、各学部学友会を「全学会の方向を体して（中略）夫々の立場において改組拡充を計」る方針を示している。(97)

全学会はその後、一九四一年二月一八日の評議会で規程が決定され、同年四月に発足している。その完成された組織においては、会長（総長）の下に中央審議会（会長の諮問機関）が設けられ、その下に各学部会（各学部学友会から改組）がつくことになった。各学部会の中には懸案であった総務部が設けられ、学生の意見を聴取する機関として設定された連絡委員会（学生課長らで構成）と連絡を取ることとなった。

以上のように、全教職員・学生を統制し、戦時体制に組み込む目的で組織された学校報国団組織であったが、東京帝国大学においては大学当局と学生側の希望がうまく一致するかたちで順調に進められていった。そしてその完成された組織においては、学生側の意見も聴取するよう配慮がなされていた。

(三) 学友会組織から学校報国団組織への改組

他方、京都帝国大学においては、東京帝国大学と異なり全学学友会が存在していたため、それを改組するかたちで学校報国団組織がつくられていった。京都帝国大学学友会では、この組織改革問題に関して一九四〇年一〇月七日に全代議員懇談会を開いているが、『京都帝国大学新聞』の記事によれば、その席上学生代議員より「国家新体制に即応すべく」組織の改革を行うよう建議があり、新組織の具体的内容に関しては会長の裁断に一任するべく、河野陽一代議員ほか一六名より建議案が提出された[98]。その組織改編にあたっては学友会学生代議員が積極的に協力していたことがわかる。

ついで一〇月一一日に臨時役員会を開催し協議の結果、満場一致で同建議案が可決され、羽田亨会長の手元で具体案を作成し、改組に乗り出すことになった。羽田会長はただちに各学部の教授・学生代表および職員からなる準備委員会を組織して改組の具体案作成に着手した。準備委員会のメンバー構成は法・医・工・文・理・経・農の七学部から教授一名ずつ、ほか、総務理事四名、本部幹事二名、学生課職員二名、各学部学生総務委員七名、前総務委員・代議員三名の合計二五名であった。一一月四日には第一回準備委員会が開かれ、その席上改革の方向、根本精神が明らかにされ、さらに小委員会が設置されて具体案作成に向かったとされている[99]。

小委員会は一九四〇年一一月九日、二八日の二回にわたって開催され、基本事項および細部組織について慎重な討論が交換された。それを受けて一二月二日に開かれた第二回準備委員会においては、小委員会の経過を報告して審議に入り、活発な討論がかわされた。こうして組織改革の綱要が決定をみるにいたった[100]。一二月一四日には新しい組織の概要が公表された。

この時公表された新しい組織の名称はまだ「学友会」であったが、翌一九四一年四月一日に新発足した時の組織名は「同学会」となっている。新組織の名称については四一年一月二三日、大学の評議会において「京都帝国大学通則」第十二条の変更が審議された際、「学友会」で可決されている。しかし「帝国大学学友会等が会名を変更せる際単に懇親を目的とせるが如くに見ゆる名称は避けられたし」との文部省の意向により、「同学会」の名称を採用することとなった[101]。

これに合わせて「同学会規則」が整備され、一九四一年四月一日、学友会は同学会に改組された。同規則によれば、この会の目的は「大学の使命達成の補助機関として会員の心身の修練相互の親睦並に生活の便益を図り以て国家的協同精神を涵養するを目的とす」（第二条）とされていた。第一節（一）で述べた「学友会規則」と比較してみると、会員相互の親睦を図るという点に変化はないものの、戦時体制を意識して「大学の使命」「修練」という言葉が用いられ、最終目的として「国家的協同精神」の涵養が付け加えられている。

会員の構成は学友会の時と同様、学生および選科生からなる正会員（第四条）、総長・教授・助教授・学生主事などの特別会員（第六条）のほか、会友（第七条）、準会員（第八条）、名誉会員（第五条）となっていた。会長には総長があたり、その補佐役として新たに顧問が設けられ、各学部長がこれにあたった。

ほか、学友会時代からの大きな変化としては、役員会が廃止され、「企画統制及び指導の中枢機関」として中央部が置かれたことである（第十六条）。中央部のメンバー構成は理事長・理事（ともに教官）と学生の中央委員であった。そしてこの「中央部に対する協力機関」として協議会が位置づけられ、①予算、②決算、③同学会規則の改廃、④千円以上の基本金の支出などを審議した（第二十五条）。中央部の補助的な位置づけとはいえども、実際の審議のほとんどは協議会で行われていたといっていいだろう。協議会は議長（同学会長）と各学部長ほか教官からなる協議員、学生の協議委員によって構成されていた（第二十六条）[102]。

この中央部・協議会の委員にのみ、学生が就くことが可能であるのだが、その数は中央委員が五名、協議委員は二五名であった。中央委員は各部総務委員の中から、協議委員は各学部正会員の中からそれぞれ「推挙」によって選ばれ[103]、学友会時代のような選挙は行われなくなった。学生の課外活動の単位（「部」）は鍛錬総部・教養総部・国防訓練総部・生活総部の四つの「総部」のいずれかに属するものとされ、総部長・部長には教官が就いた。学生は全員加入し（第十三条）、かついずれかの部への所属を義務づけられた[104]。

以上のように、戦時体制に即応するかたちで組織された同学会は、他大学の学校報国団組織にみられるように、教官・職員・学生を包括・統制する組織であった。しかしながら、その組織再編の過程においては東京帝国大学と同様、学生委員が積極的に協力しており、その再編された組織においても、学生が中央委員・協議委員として同学会運営に参与することが可能であった。この二つの委員は同学会に関する様々な協議を行った。そしてこの体制は戦後の同学会改編後も続いていくのである。(105)

小結

以上、東京帝国大学・京都帝国大学・早稲田大学を中心に、明治―昭和戦中期における学生自治組織確立・改革の動きについてみてきた。いずれの場合も、当初は学友会などの名称で教職員・学生一体の親睦組織として発足したが、一九二〇年代に入ると各大学の社会科学研究会など、学生連合会（学連）所属の左翼学生団体による改革運動や学生自治機関設立運動が行われるようになった。三〇年代に入ると、各大学の社会科学研究会が解散させられたことにより、学連のかわりに共産青年同盟（共青）を経由して、日本共産党が直接学生運動を指導するようになった。共青指導のもと各大学に作られたのは、自治学生会（自学）または学生自治会と呼ばれる組織である。しかしその自学も、共産主義学生団体への取り締まり強化から数年の後には姿を消した。親睦組織としての学友会も、戦時下に入ると学校報国団に改組され、教職員・学生の修練組織として機能するようになり、戦後にいたるまで学生自治組織が作られることはなかった。

注

(1)『東京帝国大学五十年史』下冊、一九三二年、四七六頁

(2)H・スミス『新人会の研究』東京大学出版会、一九七八年、一三二頁

(3)一九一九年一二月、東京帝国大学経済学部機関誌『経済学研究』第一号に掲載された、同学部助教授森戸辰男の論文「クロポトキンの社会思想の研究」が、無政府共産主義を宣伝するものとして問題視された。これにより翌年一月一〇日、経済学部教授会は森戸に休職処分を下し、同月一三日には森戸と『経済学研究』編輯人の大内兵衛が朝憲紊乱罪で起訴されている。これに対して、一六日には経済学部経友会大会、一七日には法学部学生大会において、大学の自由と学問の独立、教授会と総長の責任を問うことなどが決議されている(『東京大学百年史』通史二、三〇九―三一四頁)。

(4)スミス前掲書、一三二頁

(5)菊川忠雄『学生社会運動史』海口書店、一九四七年、一二九頁

(6)同前、一二八―一二九頁所載。なお趣意書の出典は不明である。

(7)一九〇九年に創設された団体。その目的は「会員相互ノ親睦ヲ計リ其知識ヲ通融セシムル」こととされ(「以文会規則」第二条)、会員には京都帝国大学学生・卒業生の正会員のほか、総長・教授・助教授などの特別会員がいた(同、第三条)(『京都大学百年史』総説編、一九九八年、二六三頁)。

(8)『京都大学百年史』総説編、一九九八年、二六三頁

(9)「学友会規則」(一九一三年三月)『京都大学百年史』資料編二、一九九八年、三二五―三二八頁

(10)前掲『京都大学百年史』総説編、三三〇頁

(11)前掲『京都大学百年史』総説編、一、一二七頁

(12)代議員選挙の有権者数(学友会の加入学生数)は、一九三五年一一月の時点で二、八七六人、翌三六年の同

月では二、九〇四人と、全学生数の約半分であった（『学生評論』一九三七年一月号、九七頁）。
(13)『九州大学七十五年史』通史、一九九二年、八四―八五頁
(14)『東北大学百年史　二』通史一、二〇〇七年、三五六頁
(15)『北大百年史』通説、一九八二年、二五三頁
(16)『慶応義塾百年史』中巻（前）、一九六〇年、三六一―三六二頁
(17)「商科学生委員の設置」『早稲田学報』第二四八号、一九一五年、二頁
(18)「学生委員会規則の制定」『早稲田学報』第三四六号、一九二三年、一九頁
(19)「新制に基く学生委員総会」『早稲田学報』第三四七号、一九二四年、一五頁
(20)菊川前掲書、四〇八頁
(21)『一橋大学百年史』一九七五年、四七六頁
(22)『拓殖大学百年史』通史編一（明治大正期）、二〇一六年、三七八頁
(23)学生連合会は一九二四年に学生社会科学連合会、その翌年には全日本学生社会科学連合会と名称を改めているが、本書ではそれらすべてを「学連」と表記する。
(24)松村禎彦『最近に於ける左翼学生運動（司法省刑事局　思想研究資料　特輯第八十五号）』一九四〇年、一―二頁
(25)同前、二頁
(26)スミス前掲書、八九頁
(27)同前、九四頁
(28)長谷川明「学生の思想運動に就いて」『司法研究』第一五輯　報告書集四、一九三二年、九八―九九頁
(29)スミス前掲書、九九頁
(30)「普通選挙を高唱して　角帽運動起る」『東京朝日新聞』一九一九年二月二日朝刊
(31)スミス前掲書、五六頁
(32)同前、八三頁

(33) 同前、一三三頁
(34) 菊川前掲書、一九一頁
(35) 「全学生を学友会員に　満場一致で評議員会を通過」『帝国大学新聞』一九二三年四月一二日
(36) 菊川前掲書、一九五頁
(37) 「教授学生協力して学友会定欵《（ママ）》の政正《（ママ）》」『帝国大学新聞』一九二三年一二月二二日
(38) 「役員選挙の為め学友会総会召集」『帝国大学新聞』一九二四年五月二日
(39) 「東京帝国大学学友会定款（一九二四年三月一八日改正）」『東京大学百年史』資料一、一九八四年、九三七頁
(40) 「東京帝国大学学友会規則（一九二四年三月一八日改正）」『東京大学百年史』資料一、一九八四年、九三八―九四〇頁
(41) スミス前掲書、一三七頁
(42) 『東京大学百年史』通史二、一九八五年、四六九―四七一頁
(43) スミス前掲書、一〇三頁
(44) 京都帝国大学学生運動史刊行会編『京都帝国大学学生運動史』昭和堂、一九八四年、三九頁
(45) 松村前掲書、四頁
(46) 長谷川前掲書、一二二頁
(47) 同前、一〇八頁
(48) 司法省刑事局思想部編『京都学生事件の梗概と身上調査（司法省刑事局　思想研究資料　特輯第七号）』一九二八年
(49) 「薩張りわけのわからぬ本学々生不当検束事件」『京都帝国大学新聞』一九二五年一二月一五日
(50) 同前
(51) 菊川前掲書、三五四―三五五頁
(52) 「解散声明書」『京都帝国大学新聞』一九二六年五月一日

(53)『京都帝国大学学生運動史』によると、京大社研は京都学連事件後、学友会代議員選挙のたびに「学友会改善促進会」を組織し、社研のメンバーを代議員に当選させるなどして学友会改革運動を行っている。詳細は、前掲『京都帝国大学学生運動史』一三八頁および一六二頁を参照。

(54)『京都帝国大学一覧　自昭和二年至昭和三年』掲載の「学友会規則」によると、正会員(一般学生)の会費は年額五円であり、授業料と同時に徴収される仕組みとなっていた(第三十条)。

(55)「学友会の改善に就て」『京都帝国大学新聞』一九二六年五月二一日

(56)「学生全般の意志をよりよく反映せしめよ」『京都帝国大学新聞』一九二六年六月一日

(57)「学友会規則に関する調査委員会成る」『京都帝国大学新聞』一九二七年二月一日

(58)「傍聴者多数なりし学友会臨時役員会」『京都帝国大学新聞』一九二七年一一月二一日

(59)二六会『滝川事件以後の京大学生運動』西田書店、一九八八年、一七―一八頁

(60)菊川前掲書、四〇八―四〇九頁

(61)同前、四一二―四一三頁

(62)『早稲田大学百年史』第三巻、一九八七年、四一二頁

(63)スミス前掲書、一八三頁

(64)「コミンテルン第四回大会に出席した高瀬清・川内唯彦がキム(国際共産主義青年同盟)の指令をうけ帰国、共産党第二回大会(一九二三年二月四日)の党議に基づき四月上旬に結成した。(中略)学生に対する教育・宣伝に活動したが、第一次共産党解党とともに消滅。二五年七月ユースとして再建、合法無産青年運動をリードした」(法政大学大原社会問題研究所編『新版社会・労働運動大年表』労働旬報社、一九九五年、二二二頁)。

(65)堅山利忠「「革命的青年学生の任務」に対する二三の補足と訂正」『レーニン青年』第四号、一九三一年

(66)松村前掲書、五三頁

(67)東京帝国大学学生課『昭和七年中に於ける本学内の学生思想運動の概況』一九三三年、二二頁

(68)「自治学生会の大衆化万才!」『赤門戦士』第二号、一九三一年六月八日

(69) 前掲『昭和七年中に於ける本学内の学生思想運動の概況』、一二二頁
(70) 稲岡進・糸屋寿雄『日本の学生運動』青木新書、一九六一年、一六二―一六三頁
(71) 同前、一九一―一九二頁
(72) 松村前掲書、五七頁
(73) 前掲『早稲田大学百年史』第三巻、四六一頁
(74) 『早稲田大学史記要』第十巻（一九七七年）掲載の座談会記録「昭和五年の早慶野球戦切符事件」における藤井丙午の発言（二〇九頁）。
(75) 松村前掲書、五四頁
(76) 同前、五四―五五頁
(77) 同前、一〇五―一〇六頁
(78) 同前、一〇六頁
(79) 滝川事件に関する論考としては、松尾尊兊『滝川事件』（岩波書店、二〇〇五年）がもっとも詳しい。ほか、『刑法読本』や滝川自身の回想、当時の新聞資料などを集めた『滝川事件：記録と資料』（世界思想社、二〇〇一年）や、滝川事件の反対運動にかかわった東大生の回想をまとめた滝川事件東大編集委員会『私たちの滝川事件』（新潮社、一九八五年）などがある。
(80) 松村前掲書、一一五頁
(81) 西田勲「滝川事件とそれ以後の学生運動のあらまし」『滝川事件以後の京大の学生運動』西田書店、一九八八年、五―六頁
(82) 松村前掲書、一一六頁
(83) 「京大と手を組んで学生大会を開け！」『赤門戦士』特集号、発行年月日不詳
(84) 松村前掲書、一一六―一一七頁
(85) 西田前掲論文、八頁
(86) 『赤門戦士』第一一九号、一九三四年五月三一日

(87) 西田前掲論文、一二頁
(88) 同前、一八頁
(89) 年代は法政大学大原社会問題研究所編『社会・労働運動大年表』第一巻（一九八六年）より参照。
(90) 「高等学校長会議ニ於ケル文部大臣指示事項（四〇・九・一七）」『近代日本教育制度史料』第七巻、大日本雄弁会講談社、一九五六年、一九一—一九二頁
(91) 同前
(92) 同前、一九一頁
(93) 『東京大学百年史』通史二、一九八五年、八〇七頁
(94) 「学生課参与」とは、学部と学生課との連絡を密接にするため設けられた役職であり、末延三次（法学部）、内村祐之（医学部）、武藤清（工学部）、中野好夫（文学部）、掛谷宗一（理学部）、田中丑雄（農学部）、荒木光太郎（経済学部）の七名の教官がこれにあたった（「学生課（東大）に〝参与〟末延教授ら七氏決る」『帝国大学新聞』一九四〇年一〇月九日）。
(95) 前掲『東京大学百年史』通史二、八〇七頁
(96) 「総務部（仮称）を設立し　縦と横の連絡強化を要望」『帝国大学新聞』一九四〇年九月二三日
(97) 「学友会近く改組へ　夫々の独自性に立脚し」『帝国大学新聞』一九四〇年一一月二五日
(98) 「新体制に即応して改組は会長に一任」『京都帝国大学新聞』一九四〇年一〇月二〇日
(99) 「準備委員会を設けて学友会改組へ新発足」『京都帝国大学新聞』一九四〇年一一月五日
(100) 「準備委員会の審議をおへ学友会改組ほぼ決定」『京都帝国大学新聞』一九四〇年一二月五日
(101) 「通則改正案訂正ニ関スル件（一九四一年三月一六日）」『京都大学百年史』資料編二、一九九八年、四二〇頁
(102) 「京都帝国大学同学会規則（一九四一年四月一日）」『京都大学百年史』資料編二、一九九八年、四二〇—四二七頁
(103) 同前、四二五頁

(104)「京都帝国大学通則（一九四一年三月一六日改正）」第十二条、「入学許可ヲ得タル者ハ本学同学会ニ入会スヘシ」との規定による。

(105) なお、学校報国団については、一九四一年八月八日の「学校報国団体制確立方」（文部省訓令第二十七号）により「学校報国団ノ内ニ指揮系統ノ確立セル全校編隊ノ組織」である学校報国隊を組織するよう指示され、さらに「戦時教育令」（勅令第三百二十号）によって、「学校報国隊ハ当分ノ内令第三条ノ規定ニ依ル学校ニ於ケル学徒隊ノ一部又ハ全部」とみなされた。これによって、学校報国団を学校報国隊、さらに学徒隊へと改組し、戦後の「戦時教育令」廃止に伴って学徒隊を廃止した学校も存在するが、東京帝国大学・京都帝国大学の場合は、全学会・同学会とは別個に学校報国隊を組織していたため、全学会・同学会は戦後まで残ることとなる。

第二章

戦後の学生自治会成立の背景

第一節

政府・占領軍の民主化政策

敗戦直後の一九四五年九月、文部省は「校友会新発足ニ関スル件」により、学校報国団を解体し、戦前の学友会に近い校友会組織へ再編するよう指示した。これにより、多くの旧制高等教育機関においては学校報国団解体・校友会組織再編への動きが始まった。そのような中、校友会組織ではなく学生自治会組織を作ろうとする大学の学生代表が、ＣＩＥ関係者と会談を行っている。

本節においては、「ＣＩＥ会見録」などの資料を用いて、政府・占領軍の民主化政策と、学生自治会結成との関係についてみていく。

（一）校友会の新発足

一九四五年八月のポツダム宣言受諾後、政府および占領軍は政治・宗教など広範にわたる解放的措置をとっていった。九月には新聞・言論の自由の措置をとり、一〇月には政治・信教などの自由制限の撤廃、特高警察の廃止、治安維持法の廃止などを行った。教育の分野でもまた、戦時教育令の廃止、学校報国団の解体、戦時中の追放教師の復職・軍国主義者の解職などの政策を行い、学校教育の民主化を進めていった。ここでは以上の事柄のうち、学生自治会発足の制度的基盤となった学校報国団の校友会への改組について述べていく。

文部省は一九四五年九月二六日、「校友会新発足ニ関スル件」（発専一三〇号）という通牒を地方長官宛に発し、戦時中、教職員・学生の統制組織であった学校報国団を校友会に編成し直すよう指示した。この通牒には新しい校友会の趣旨、事業・運営方針、組織などが記されている。以下、この文部省通牒を引用し、第一章第四節（一）で述べた「修練組織強化ニ関スル件」と比較しながら学校報国団から校友会への変化についてみていきたい。

一　趣旨
終戦ニ際シ従来ノ学校報国団ハ之ヲ新シキ見地ニ立チタル校友会ニ改組シ学校ト表裏一体タル関連ニ於テ学校教育ノ補充的機能ヲ発揮シ愈々校風ノ振作ヲ図ルモノトス
二　事業並ニ其ノ運営方針
事業ハ学校ノ種類並ニ特質ニ応ジテ各適切ナルモノヲ選定シ学生生徒ノ自発的活動ヲ活カシテ創意工夫ノ力ヲ啓培シ道義並ニ情操ノ涵養ニ努メテ自活ノ訓練ニ資スル如ク運営スルモノトス事業トシテ考慮セラルルモノヲ例示スレバ概ネ左ノ如シ
（一）学術文化ノ研究
（二）芸術宗教ノ研修
（三）体育振興ノタメノ運動競技ノ実施
（四）共同生活、社交礼儀等ノ訓練
（五）会誌ノ発行其ノ他思想発表ノ演練
（六）厚生福利施設ノ運営

（七）食糧増産等ノ勤労作業ノ実施
（八）学校農園等ノ経営
三　組織
校友会組織ノ大要ハ左記ノ如シ各学校ニ於テハ之ヲ参考トシテ定ムルモノトス
（一）会ノ名称ハ適宜之ヲ定ム
（二）会ハ教職員、学生生徒全員ヲ以テ組織ス
（三）会ハ必要ニ応ジ部ヲ設ケ班ヲ置ク
（四）会ニハ会長、部長、班長、委員其ノ他必要ナル職員ヲ置ク
会長ハ校長トシ部長ハ教職員中ヨリ班長ハ教職員又ハ学生生徒中ヨリ之ヲ定ム
（五）会ノ経費ハ会費ヲ以テ之ニ充テ会費ハ教職員、学生生徒ヨリ一定額ヲ拠出スルモノトス(1)

「修練組織強化ニ関スル件」と前掲の「校友会新発足ニ関スル件」の二つを比較してみて大きく変化している部分は以下の三点である。第一に会の目的である。戦時中の学校報国団の目的が「自我功利ノ思想ヲ排除シ報国精神ニ一貫スル」(2)校風を樹立させることであったのに対して、校友会においては一で述べられているように「学校教育ノ補充的機能ヲ発揮シ愈々校風ノ振作ヲ図ルモノ」とされている。戦時中においては報国精神に校風を統一させるよう規定されていたものが各学校の自由となり、しかもそれが「学校教育ノ補充的機能」とされたということは、かなり弾力的かつ民主的な制度になったといえる。

　第二に会の運営方針および事業である。校友会においては二で述べられているように、運営方針は学生生徒の自主自立や創造力・道徳性を養うことに主眼が置かれ、事業も文化・芸術・体育など、現在も課外活動とし

て行われているものに近くなっている。学校報国団の組織をみるとそのおもな目的は修練にあり、下部組織として鍛錬部・国防訓練部が置かれていた。文化部は校友会の事業と重なる部分であるが、「本団体ノ趣旨並其ノ学校ノ特殊性ニ鑑ミ厳重ニ考覈選択ヲ加ヘテ再組織」することが義務づけられ、内容には大きな統制が加えられていた。このように校友会の運営方針・事業の内容は学校報国団のそれに比べて文化的なものとなっており、さらにその中で学生生徒の自主自立が目指されたことは注目すべき点である。

そして第三に役員の構成である。第一章第四節（一）で述べたように、学校報国団においては会長（団長）・部長・理事のほか、各部内の部長・班長の職も教授または生徒主事が就くことになっていた。これが校友会においては三の（四）にあるように、班長・委員の職に学生生徒が就くことができるようになっている。会長・部長が校長・教職員であるということに変化はないが、それまで校長・教職員だけしか就くことができなかった役員に学生生徒が加わったことによって、より学生主体の組織に近づいたことがうかがえる。

以上のように「校友会新発足ニ関スル件」においては、新しい校友会の性格が述べられており、それは戦時中の学校報国団の制度を一部引き継いではいるものの、より弾力的で民主的なものとなっている。このように戦時中と戦後で文部省の方針が大きく転換し、学校報国団改組の指示が出されたことが、学生自治会結成の大きな契機となったのである。

（二）文部省の学生自治に対する見解

（一）で述べたとおり、敗戦直後に文部省より発せられた「校友会新発足ニ関スル件」により、学生自治会結成の制度的基盤が作られたのであるが、文部省自体は学生自治に関してどのような見解をもっていたのだろうか。以下、文部大臣の議会における答弁などをもとに、文部省の見解を探っていく。

一九四五年一一月三〇日、幣原喜重郎内閣の前田多門文部大臣は、帝国議会貴族院本会議の席上、長岡隆一郎議員より、学生が学校行政に参加することを要求する動きについて文部大臣の所見と方策を問われた際、「学生はまだ社会の人として未完成なものであります、さればこそ学園に於て師の教を受けるものであります が、此の身分に顧みまして行動致しまする場合に於きましても、自ら正しい制約あることを常に教へなければならぬと云ふことを私は考へて居る訳であります」と答え、学生の身分に応じた制約ある行動を求めた(3)。

一九四六年九月六日、帝国議会貴族院予算委員第三分科会の席上、河井弥八議員が、同年七月千葉医科大学において助教授以下の教職員・学生らが一部教授の退陣を決議し信任投票を行った件に関連して、学生の学内人事関与に対する文部省の根本方針について質問した。

これに対して、第一次吉田茂内閣の田中耕太郎文部大臣は、以下のように答弁した。

> 学生が大学の人事に容喙する、さう云ふ権限を要求すると云ふのは断乎として是は排撃して居ります、勿論学校長を選ぶとか云ふやうな場合に於て、学生に余り評判が悪いやうな人は是は自然に選ばれないことになるでありませう、併しそれを学生の側に於ける組織を認めまして、其の組織に諮つて其の投票の結果、又教授側の投票を併せて考慮して、或者を学長にするかしないかと云ふやうなことを決すると云ふことは、是は断じて認められない所である、文部省はさう云ふ建前を執つて参つて居ります、学生の方は「ヴィート」、拒否権を持つと云ふこと自身が宜しくないと考へられるのであります(4)（後略）

以上のように田中文部大臣は、学生および学生団体が学内人事に関与することについて、拒否権を持つことも含めて否定した。また、田中は続けて、大学の自治について以下のように持論を述べている。

大学の自治と申しまして、外部の力に依つて教職員なり、教授の地位が動かされないと云ふことで、外部の力と云ふのは教授会以外の力であります、学生が若しそれを要求すると云ふことがありましたら、矢張り是は外部の力に要求をされると云ふことでありまして、さうなると教授が学生の人気を取ると云ふことにもなりますし、又学生を動かすものが、現に今御引きになつたやうな事例もあるやうな訳でありますし、又父兄が学生を突いて勢力を学校に張らうと云ふことにもなる訳でありますから、さうなると大学の自治が失はれて、学問の自由な研究も出来ないと云ふことになる、右翼が跋扈して居りました頃、さう云ふ事例が現にありました、左翼に付ても同じことではないかと考へるのでありまして[5]（後略）

以上の答弁をみると、田中は大学の自治を教授会の自治と考えており、学生団体といえども「外部の力」とみなしていたことがわかる。戦前戦中に右翼勢力によって大学の自治が侵害されたことを念頭に、学生団体およびその背後にある左翼勢力が大学の自治を侵害することを警戒していたことが読み取れる。しかし一方で、「学内で学生が校友会その他により委員長や役員を選んで自治活動を行ひ、その教養をふかめ、生活の条件を改善するために努力するのも一種の政治運動ではあるが、これは別問題で、むしろデモクラシーの訓練として奨励すべきである」とも述べている[6]。

一九四七年一月、内閣改造により田中に代わって文相に就任した高橋誠一郎は、同年四月に京都帝国大学を訪問した際、『学園新聞』の記者の質問に答えて、学生の政治運動について以下のように語っている。

学生の共産党員が中々活やくしていると聞いたが、どうもまだ理論的な研究が不十分らしい、適当な学的裏づけがなかったならば学生として恥ずべきである、当局としては学生の行動に一々干渉することはなく、

自治大いに結構だが、学校行政まで委せることは出来ぬ、とにかく学生の政治運動は余りこのましくない。(7)

また、一九四七年六月に片山哲内閣における文相に就任した森戸辰男は、一二月に京大を訪問した際、佐藤同学会委員長と会談し、学生の自治について以下のように語っている。

学生の自治ということにも一定の限界があると思う。たとえば学生が総長のなすべき仕事にまで手を出すということは明かにあやまりである、学生のいうことをそのまま通すことが学生の自治をなしとげることではなく、学生の数が多いからといってその要求にただしたがうだけでは学生運動の指導者とはいえない、この学生としての分をあくまでまもってその範囲内においては学生の正しい機能を十分発揮していただきたい。(8)

翌一九四八年、森戸は第三章第三節（一）で述べる教育復興闘争に文相として対処していくのであるが、その際「教育復興と学生運動」というテーマで、ラジオ放送にて学生たちに以下のように呼びかけている。

第一に教育復興運動は、教育の復興に即した運動でなければならぬ。（中略）教育復興運動の正しい姿は謂ゆる闘争でなくて協力でなければならぬ。

第二に学生の教育復興運動は学園における学生の自主的、自治的運動を中軸とするものであるといわれている。してみれば、この運動が外部の勢力わけても国内に闘争と混乱を導入しようとする政治勢力に支配されるものであってはならぬことは、いうまでもなかろう。（中略）第三にこの運動は学生の自治運動にふさわしい民主的なものでなければならぬ。殊に学校ストというような重大問題の決定に際しては、全学生の総意によるべきであって、断じて少数者によって決定さるべきものではない。(9)

以上みてきたように、敗戦直後から一九四八年にかけて就任した文部大臣たちの学生自治に対する見解は、以下の三点に集約される。第一に、大学の自治はあくまで教授会の自治であり、教員人事などに学生が干渉することは行き過ぎである、第二に、学生の自治は学生自身に関することにとどめるべきであり、その範囲で民主的に行われるのであればむしろ奨励する、第三に、学生の政治運動は好ましくなく、とくに学外の政治勢力――共産党などと結びつくことを警戒していたことが読み取れる。田中以降の六人の文相は全員元大学教授であり、森戸は社会党・民主党・国民協同党の片山内閣と芦田均内閣での文相であるが、上記の見解は一貫していた。次に占領軍、とくにＣＩＥの学生自治に対する見解についてみていく。

（三）占領軍の学生自治に対する見解

占領軍は、旧制中等学校・新制高等学校における生徒自治会の設立に関しては、ＣＩＥや軍政部を通じて直接的な指導を行っていたことがすでに明らかになっているが、(10)大学の学生自治会については具体的な指示や指令は管見の限り出ていない。しかしながら、ＣＩＥ会見録（CIE Conference Report）にはＣＩＥ担当官と学生自治会委員らとの面談の記録が数多くみられ、そこで語られた内容が敗戦直後の大学学生自治会の形成過程や活動に影響を与えた可能性は十分に考えられる。

本項においては、CIE会見録の分析から判明した、大学学生自治会に対する占領軍の見解や動向、およびそれらが影響を与えた可能性について考察を述べていく。[11]

①早稲田大学学生自治会委員との面談

一九四七年三月五日には、青年団体・学生活動担当官のダージン（Russell L. Durgin/Youth Organizations & Student Activities Officer）は早稲田大学学生の藤吉保徳と面談を行っている。藤吉について、会見録には「早稲田大学学生」としか書かれていないが、後に学生自治会副委員長に就任していることから、早稲田大学学生自治会を代表して面談に来たものと考えられる。会見録によると、藤吉は学生自治会に関するより多くの情報を求めに来ており、「先日、新聞によって報じられた、この主題に関する記者会見のパネルディスカッションに満足していないようだった」[12]とある。

このパネルディスカッションとは、CIE高等教育担当官であるウィグルスワース（Edwin. F. Wigglesworth/Higher Education Officer）が一九四七年二月七日の「定例雑誌記者会見に於て、「民主主義の揺らんとしての学生自治」との題目の下に座談会を行い、大学に於ける学生の自治は、寄宿舎、食堂、消費組合、就職相談等のいわば社会の自治的訓練の範囲内に留るべきで、学生が学校の経営や、校長の排斥に参画するのは行きすぎであると結論」[13]づけたものだと考えられる。

これについては、CIE情報課の〝MAGAZINE CONFERENCE〟のファイルに記録がある。それによると、学生自治会の定義は「学生自治会は選挙で選ばれた役員といくつかの学生集団の代表者によって構成され、学生たちが協働しながら彼ら自身の課題を解決する組織」であり、学生自治会の目的は以下の三点となっている。

a．学生に対して、社会活動に対する彼個人の責任を教え、また社会集団のなかで彼が占める個人として

の役割を示すこと

b．学生に対して、一般的な民主的社会活動、あるいは政府のとる方法と手続きについて教えること

c．責任ある社会活動の効力と義務を実際にやってみせること[14]

このことから、CIE側は学生自治会を学生に民主主義を教えるための手段として考えており、藤吉はそれに対して、学生自治会による大学内部行政への参加の可否について尋ねに来たものと考えられる。第六章で詳述するように、早稲田大学においては一九四五年一二月、大学当局によって学友会が設立されているが[15]、その直後から学生自治会設立の動きが起こり、四六年一月二六日の戦後第一回学生大会において学生自治委員会の結成を決議している[16]。この面談が行われた四七年には「早稲田大学教職員学生協議会規程」が制定され、学生代表からなる自治議会の決議が、教職員学生協議会の議を経て部科長会議および理事会に上程され、大学運営に反映されるという仕組みが作り上げられようとしていた。

しかしダージンは、「わずかな質問から、学生自治会が通常どのような機能を含んでいるのかについて、ほぼ全面的な無理解が明らかになった」「この組織は、一見するところ、学友会とも、あるいは一般の学生活動とも何らかかわりがないように見える」などと早稲田の学生自治会について否定的な見解を述べている。藤吉はカリキュラム、教師、およびその他の学校管理上の問題を解決しようとする際に、教授陣と同等の水準の公的位置づけを得たいと語ったが、ダージンはこれに対しても、学生団体の正しい機能と、それらと大学管理の関係について、非常に詳細な議論を行うなど、慎重な姿勢をみせた[17]。

②旧制女子専門学校における学生自治会改組に対する助言

一九四七年三月二〇日には、日本女子大学校の菅支那子教授と一六名の女子学生がCIE教育課を訪れてい

る。この時応対したのは女子教育担当顧問のホームズ（Lulu Holmes/Advisor, Women's Education）である。この日の面談の内容は、同校における全校的な学生自治会の組織計画についての相談であった。会見録によれば、同校には学部ごとに学生自治会が存在しているが、学生同士・教授同士の間に学部間対立があり、全学的な学生自治会を設立するのが困難であるということだった。また学生たちは、教授間の対立によって、学生たちと協調的に働くことができる教職員顧問を選ぶことができなくなったり、選ばれなかった教職員らが不満に思うことを恐れていた。これに対しホームズは、「学生が正しく教授顧問を選出するだろうということ、また全学的な活動として計画が立ち上がること、そして学部間にひかれた線と嫉妬が消え去るかもしれないこと、などの成功を信じ日本女子大学校におけるこの種の組織に向かって突き進む以上の道はないだろう」[18]と述べている。

一九四七年四月三〇日には、津田塾専門学校の学生自治会役員とその教員顧問が、津田塾における学生自治会改組計画の相談に訪れた。彼女らが用意してきた質問は、寮自治会と全学学生自治会との関係性について、様々な種類の学生団体と全学学生自治会との関係性について、学生規律の取り扱いについて、アメリカの大学の学生自治会で行われているプログラムの種類について、などであった。ホームズはこの津田塾の学生自治会について、「学生たちは教員の前で、極めて率直であり、これは健全なしるしとみることができる。学内に何ら困難な点はなく、もし学生と教員が協力する良い体制がこの学校で上手くいくならば、ほかの女子高等教育機関の感情に与える影響は甚大だろう」との印象を抱いている。

またこの会見録の末尾には、「津田塾の学生役員は、他の東京の専門学校の役員たちを報告者との会議に招待している。この会議は六月一日に計画されており、今学期末までのいずれかの時期に開催が予定されている、東京以外の専門学校の代表者も含めた会合について話し合うものである」[19]と、ほかの女子専門学校との会議の計画について記されている。一九四七年六月二九日には「明朗な学生自治生活促進に力を尽くされてゐたG・H・Q教育部のホームズ博士の示唆により、自治生活の体験を語り合ふべく」全国女専学生会協議会が開催されていることから[20]、これがその会議であると考えられる。この会議はその後、四九年五月に全国女子学生協議会と名称を変えて恒久的組織となっているが、その出発点は下記のとおりである。

戦後自治が強調された際、津田塾、東京女子大、日本女子大の三校学生委員が自治問題を協議の際、C・I・Eホームズ博士をたずねて意見を聞いた結果非常に有益だったことから、単に三校のみにとどまらず、多くの女子学生で協議したいとの希望が出た。[21]

以上のことから、前掲のホームズとの面談から同協議会が生まれたことがわかる。ホームズは一九四八年に帰国しているが、その影響によって設立された連合組織はその後も存続したのである。

第二節　学生たちの動向

敗戦直後の高等教育機関においては、戦後学園民主化運動とよばれる運動が起こっており、この運動の中で学生たちは、戦犯教授の追放、戦時中の追放教授の復職、自治制の確立、校友会の改組など、学校民主化、学園・学生の自治に関する要求を提示していった。そして、これを契機として学生自治会組織が作られた学校も少なくない。

本節においては、戦後学園民主化運動の概要と、それを契機とした学生自治会結成の動きについてみていく。

(一) 戦後学園民主化運動

前節で述べたように、政府および占領軍は終戦直後から政治・宗教など広範にわたる解放的措置をとった。これに支えられるようにして労働運動、農民運動などの社会運動が同時期に一気に発生してきたのである。労働者階級は続々と労働組合を結成し、農民層は半封建地主打倒の闘争に決起した。このような社会情勢の中、多くの高等教育機関の内部においては、学生生徒たちが学園民主化を求める運動を展開していた。ここではこの学園民主化運動について述べていく。

学園民主化運動とは、戦後、学徒動員から戻ってきた学生たちが、学校から軍国主義を排除するため起こした行動であり、具体的には、戦犯教授・学長の追放、軍と警察に奉仕した学生課の廃止、報国会・御用学友会組織撤廃の運動などである。[22] その発端となったのは一九四五年一〇月に起こった私立上野高等女学校、水戸高校におけるストライキである。

私立上野高等女学校においては、終戦後も生徒たちを学校農園での農作業と勤労奉仕に従事させ、授業をほとんど行わなかった。その上配給物資や農産物を校長一家が不当に横領していた。このため一〇月八日、四年生一五〇名がストライキに入り、その後急速に各学年に波及していった。生徒たちの要求は下記のとおりであった。

一、学校農園より校長の退去、農産物の公平分配
一、工場の加配米、石鹸の分配報告
一、校長、副校長の排斥、全職員の罷免、正しい先生の復帰[23]

一〇月一八日に学校側と交渉するも成功せず、全要求貫徹のため街頭に進出し宣伝活動に入った。その後学校側は生徒側の要求を認め、この闘争は収束したのであった。

水戸高校においては、一九四五年四月に赴任してきた安井章一校長が、生徒寮の自治を奪い、自由主義的教授を圧迫し、学園に軍国主義教育を徹底させた。そしてその体制は終戦から二カ月が経過した後も継続していた。そこで生徒たちは校長追放・学園の自由獲得のため、一〇月六日、代表一五名で文部省に陳情を行った。さらに生徒たちは、教育界全体の刷新をねらって、以下の五項目の要求を提示した。

一、新教育理念を明示し教育界の一大刷新を断行されたし
二、高校を三年制に復帰し、各高校に自治制をとらしめられたし
三、現校長及び指導の任にたへざる小池、望月、三好各教授を即時退陣せしめられたし
四、現校長により不当処分を受けし事件の再審査を許可せられたし
五、新生日本の出発に当たり、□たざる識見を有し真に吾等の真情を知れる新校長を任命されたし[24]

しかしこれら五項目の要求に対する明確な回答が得られなかったため、一〇月一〇日、生徒たちは寮内にたてこもってストライキに突入した。そしてストライキ四日目の一三日、生徒代表は文部省を訪問し、前掲の要

求に対する回答を求めたところ、大学課長より「課題の五項目に対して文部省は積極的な熱意をもって気概ある刷新を断行する用意がある」「新校長も既にこの課題を果たすに十分な資格ある人が内定している」との態度が示された[25]。その夜帰校した代表は寮生大会を開いてこのことを生徒一同に報告し、翌週より授業に服することを決定した。

以上の二校の学園民主化運動の様相を比較すると、前者は農産物・配給物資の横領反対など、生徒たちの生活にかかわる要求が大部分を占めていたのに対し、後者は学園の自由・自治の獲得、さらには教育界の刷新というより高次な要求を提示している。山中明によれば、前者の運動は「やっと社会の矛盾に目ざめ始めた若い旧制中学、高女などの生徒達の闘争としては典型的であ」り、「それらの闘争は次の世代として生長し、本格的学生運動の開花期を準備した学生層をつくり、戦後民主主義運動の前進に重要な役割をはたした」のであった[26]。

後者については「旧制高専大学における闘争として、目的意識的な運動の先端を切」り[27]、また「全国的学生運動の組織化への合図」となったとしている[28]。水戸高校の運動は校長の辞職、学園の自治を要求に掲げている点で、旧制高校における伝統的な自治の気風の中にある生徒たちが、いち早く民主化運動をリードしていったものであったといえるだろう。

このほか、一九四五年一〇月に東京物理学校、静岡高校、弘前高校、翌一一月には秋田青年師範学校、佐賀高校、日本大学医学部予科、法政大学で、一二月には東京産業大学、中央大学などの高等教育機関において民主化闘争が起こっている[29]。いずれも戦犯教授の追放、戦時中の追放教授の復職、自治制の確立、校友会の改組など、学校民主化、学園・学生の自治に関する要求を提示している。この学生たちによる学園民主化運動は、戦後も旧体制を維持しようとした学校上層部に対する反発、そして民主的な教育への熱望から起こったものであったといえるだろう。闘争の起こったすべての学校で学生たちの要求はほぼ勝ち取られ、反動勢力に追われていた教授が復職した。また学生の要求によって学生課・寮の舎監制の廃止が行われた。

以上みてきたように、敗戦直後から一九四五年末にかけて学生の側から学内の民主化を求める動きが起こった。そしてそれと同時期に政府・占領軍による上からの民主化が進められ、軍国主義的な学校報国団の解体・民主的な校友会への改組という、学生自治会形成の制度的基盤が作られた。この学生たちの学園民主化へのエネルギーと前節（一）で述べた制度的基盤の合致によって、その後三年ほどの間に各学校に学友会・自治会などの学生自治会が形成されていくのである。この学生自治会形成の具体的な動きについては第四章以降で述べていくことにする。

(二) 社会科学研究会の再建・発足

一九四五年一〇月、治安維持法の廃止と政治犯の釈放によって、日本共産党の幹部や党員があいついで出獄し、公然と活動を開始した。また、高等教育機関においても、二八年に文部省によって解散を命じられた社会科学研究会が活動を再開し、共産党の学生細胞も各大学に作られていった。この社会科学研究会、共産党細胞所属の学生たちが、学生自治会結成やその活動に影響を与えていく。本節（二）においては、敗戦直後の社会科学研究会の復活を、(三) においては、日本共産党学生細胞の結成状況、およびそれらと学生自治会との関係について述べていく。

社会科学研究会の再建・発足は早く、敗戦から二カ月後の一九四五年一〇月以降、各大学で社会科学研究会発会の動きがみられ始めた。慶応義塾大学においては同年一〇月上旬以降、理論経済学研究会・農業科学研究会・歴史科学研究会などの社会科学研究を目的とする研究会があいついで設けられた。それらの研究会は学内の連合機関として学術研究会連盟（学連）を設けたが、さらに「各会委員は、自治委員会の創立に努力し、学会の再建、体育部、文化団体連盟及学連を有機的に構成部分とする全学的統一的、自治機関創設の為、夫々各分野に於いて努力を傾注し」たようである。[30]

また北海道帝国大学においても一九四五年一〇月一三日、数十名の有志学生によって学生研究会が設けられた。これは「学生生活、社会科学、哲学、文芸等の各研究部会を」持つほか、「かかる文化的な動きと共に、更に強力に、当面の問題を解決する目的で、十月二十日学生大会が有志の手により行われ千余の参会を見、学生自治の全面的要求、大学の反省、軍学徒兵の入学反対問題、文科系大学の設立、食糧問題等に関して討議」を行っている。[31]

以上のように、戦後再建・発足した社会科学研究会はその目的の中で、学生の自治を要求し、学生自治機関の設置を目標に掲げていたことがわかる。社会科学研究を基本とする学生研究会がなぜ学生自治（機関）を求めたのか。以下、東京帝国大学社会科学研究会を例にあげ、その内実を探っていく。

東京帝国大学社会科学研究会は、一九四五年一〇月に再建された。同月二一日付の『大学新聞』[32]によると、「同会では研究会の外に同会を中心に学内団体として学内諸問題に対しても発言を実践せんとする」ことを標榜しており、[33]単なる社会科学研究だけではなく実践を目的としていたことがわかる。社会科学研究会の創設にかかわった経済学部の学生・佐原洋は以下のように回想している。

当時は社研の創立も代々木本部からの指令ではなくて、自発的に（私としては私の発意で）行った、きわめて民主的な初々しいものだったからだと思って誇りにしてよいと思いました。（中略）私が社研の発足を思いついたのは、戦前どこの大学、高校でも「社研」というものが学生運動の中心になっていたらしい

ので、当然戦後もつくらなければならない、と思ったからです。(34)

引用文中「代々木本部」とあることからわかるように、同会の発足は日本共産党員であった学生たちが中心となって行った。しかし、党からの指示ではなく彼らの自発的な活動であり、そのモデルとなったのは、戦前の社会科学研究会であった。第一章第三節で述べたとおり、戦前の同会は一九二八年頃には解散させられていたが、十数年の時を経て、戦後の学生たちによって再建されたのである。

こうして再建された社会科学研究会は、本節（三）で述べる日本共産党学生細胞とともに学生運動をリードし、学生自治会の結成やその後の活動の中心となっていった。これらの研究会の会員が自治会の委員となって、その改革に乗り出そうとする動きも出てきた。

新入生を迎え学年の切りかへ期に入ると共に学園はやうやく活発化し学内文化団体を始め各学部会の脱皮新生を伴ひ学生の統一戦線的紐帯を強化、共同講演会の開催、相提携しての研究活動の方向に進むとともにこれら新鋭分子が中核になって新生の学部会にも魂を吹き込み積極的な活動を開始する気運にある即ち社会科学研、社会哲学研、セツルメント、農・協同組合、食糧対策研、青年共産同盟、演劇研、アメリカ研、ソビエト文化研の自主的運営によって眠れる学園に新生の気息を吹き込んで来た（中略）以上の各団体は新入生を迎へると共に（一）積極的な啓蒙活動を行ふべく新企画を練ると共に（二）学生書房等を中心とした学生統一戦線的紐帯を強化（三）共同講演会の開催、相提携しての研究活動を企画して居り（四）また学生と総長とのつながりを単に式典などの演述程度から一歩進めて総長をかこむ懇談会を計画（五）封建的残滓をやうやく脱しつつあるがいまだ新生の気運に乏しい学部会に活をいれてその更新を

積極的に推進する方向に進むものと見られている[35]

東京帝国大学では、以上の記事にみられるとおり、社会科学研究会などの学生団体が学部の学生自治会である学部会の改革を行っている。その詳細については第四章で述べる。

（三）日本共産党学生細胞の再建

一九四五年一〇月の日本共産党の復活後、党本部は東京・渋谷区千駄ヶ谷の溶接学校跡地に置かれ、徳田球一、宮本顕治らによる党拡大強化促進委員会を組織し、全国各地で党組織の拡大強化に取り組んだ。[36]これによって、各大学に共産党学生細胞が組織され始めた。

中でももっとも早く組織されたのが東京帝国大学である。一九四五年一〇月一五日、党本部の活動開始とほぼ時を同じくして、日本共産党東京帝国大学細胞（以下、東大細胞）も組織された。その機関紙『真理』第一号によると、「東大細胞は進歩的学生教職員諸氏と共に人民の為の知識人を生み人民の為の学問を研究する大学を建設」することを目標としていた。[37]また、同紙第二号においては、「学生自治委員会を即時結成せよ――人民のための大学建設へ」という見出しで、学生自治委員会の必要性について訴えている。同記事によると、大学は「教授会の封建性」「人事の派閥性」「学生課の学生拘束」「研究室のセクト主義」「試験制度」という「ギルド的性格」を有しており、それらを払拭し民主化をなし得るのは学生のみであり、そのために「全学の統一的な自治組織――学生自治委員会の結成が急務」であるとしている。さらに、学生自治委員会の性格と機能について、以下のように述べている。

第一に学生が選び出した委員、それによる学生全体の与論を統一して学校行政に反映せしめる。勿論学生大会が最高機関となる。第二に大学の自治・学問の自由の実際的防塞となる。第三に社会的経済的混乱の中にあって動揺する学生生活の擁護機関となる。第四に、全国的学生団結を計る学生連合会へ参加する前提である。第五、大学内の理論闘争を民主的に行う組織である。[38]

以上のように、日本共産党東大細胞は学生の与論を学校行政に反映するほか、大学の自治・学問の自由の防衛や学生生活の擁護のために学生自治委員会を組織させようとしていたことがわかる。このような動きは、共産党本部の指示で行われていたのであろうか。当時東大細胞に所属していた直井寿は、一九四五年末から四六年初めにかけて「共産党の組織としての指導はまだ萌芽的状況であった」と述べている。[39] また、後年東大細胞に所属し、全学連の初代委員長となる武井昭夫も、学生運動に対する党の指導は「第一期（敗戦直後から一九四八年前半まで―筆者注）は指導方針が未確立であり、指導的同志により、比較的に見解の差異があり、未統一であった」と述べている。[40]

実際に、一九四五年一二月に開催された戦後初の党大会（第四回大会）の議題をみると、「日本共産党当面の政策」として「(1)当面の内外情勢、(2)斗争の根本方針、(3)党の大衆化、(4)労働組合、(5)農民委員会、(6)婦人、(7)青年、(8)失業者、(9)在外兵士と復員兵士、(10)現下の最大問題・食糧問題、(11)中小商工業者の問題、(12)土地問題、(13)住宅問題、(14)憲法の骨子、(15)選挙斗争、(16)人民解放連盟」について話し合われているが、大学および学生の文字は見当たらない。その後、四七年までの党大会・全国協議会などの議事内容をみても同様である。[41]

これは労働・農民問題中心であった当時の党の方針が関係している。前述の佐原の回想にも「徳球（徳田球一―筆者注）が『ブルジョア大学なんてすぐ辞めて、闘争の第一線に立て』というので、余計に熱心な学生ほど大学を去って「第一線」に向かってしまった」と書かれており[42]、大学の細胞に所属している学生党員たちも、学生運動ではなく労農運動の「第一線」に向かうことが求められていた。

以上のことから、敗戦直後の共産党学生細胞の学生自治会創設の動きは、社会科学研究会の創設と同様、党本部の指示というよりは学生細胞員の自発的な運動であったと考えられる。しかしながら、一九四八年になると状況は一変し、党の直接指示によって学生運動が行われるようになる。これについては次章で述べる。

小結

以上述べてきたように、戦後の学生自治会成立の背景には、政府・占領軍の民主化政策および学生たちの動向がある。文部省は一九四五年九月、「校友会新発足ニ関スル件」を発し、学校報国団を校友会組織に再編するよう指示した。この校友会組織は、戦前の学友会組織に近いもので、学生のみの自治組織ではなかった。当時の文部大臣たちの学生自治に対する見解をみると、大学の自治はあくまで教授会の自治であり、学生の自治は学生自身に関することにとどめるべきであり、政治運動は好ましくないと考えていたことがわかる。とくに学外の政治勢力——共産党などと結びつくことを警戒していたことが読み取れる。占領軍の学生自治に対する見解もまた同様であった。

一方、学生たちは敗戦直後より各学校で学園民主化運動を起こしており、その要求の中には、「御用学友会」の撤廃や学生自治会の結成も含まれていた。その学園民主化運動の中心となったのは、戦後復活した社会科学研究会や日本共産党学生細胞所属の学生たちであった。しかし、一九四七年頃までは日本共産党の影響は限定的で、学生たちの自主的な活動という側面が強かった。

注

(1)「発専一三〇号（四五・九・二六、地方長官宛、文部次官）」。なお、地方長官宛ではあるが、本文中に「学生生徒」の文言が表れていること、「五　校友会ハ改組了リタルトキハ新規則ヲ添ヘ大学、高等専門学校等ハ本省ニ其ノ他ハ都道府県庁ニ報告スルモノトス」とあることから、高等教育機関も含めた指令となっている（『近代日本教育制度史料』第二十六巻、大日本雄弁会講談社、一九五八年、一〇七―一〇八頁）。

(2)「高等学校長会議ニ於ケル文部大臣指示事項（四〇・九・一七）」『近代日本教育制度史料』第七巻、大日本雄弁会講談社、一九五六年、一九一頁

(3)「帝国議会会議録」第八九回帝国議会、貴族院本会議第三号、一九四五年一一月三〇日

(4)「帝国議会会議録」第九〇回帝国議会、貴族院予算委員第三分科会（内務省、文部省、厚生省）第一号、一九四六年九月六日

(5)　同前

(6)「一党一派の宣伝不可　学校行政関与許さず　文相談」『朝日新聞』東京版、一九四六年九月一二日朝刊

(7)「高橋文相入洛談　左翼学生は勉強不十分」『学園新聞』一九四七年五月一日

(8)「森戸文相入洛す　京大と同志社で一問一答」『学園新聞』一九四七年一二月一五日

(9)「教育復興と学生運動　森戸辰男文相」『資料　戦後学生運動1』三一書房、一九六八年、二七九―二八〇頁

(10)　中等学校の生徒（自治）会の設立における占領軍の関与については、喜多明人「子どもの参加の権利と生

徒参加史研究——戦後日本における生徒自治会形成過程の検討を中心に」(『教育学研究』六二巻三号、一九九五年)や猪股大輝「占領軍の生徒自治会構想に関する一考察——生徒会活動前史の視点から」(『関東教育学会紀要』四七号、二〇二〇年)によって明らかにされている。

(11) 本項では旧学制と新学制の過渡期を対象としているため、新学制で大学となった旧制専門学校も大学に含めた。

(12) "Student government at Waseda University" 5 March 1947. *GHQ/SCAP Records.* CIE(C)00331

(13) 「自治の訓練を　教育部ウ教授談」『帝国大学新聞』一九四七年二月一九日

(14) "MAGAZINE CONFERENCE 7 FEBRUARY 1947" *GHQ/SCAP Records.* CIE(A)01738

(15) 「十二月一日学友会ヲ設立、学生ノ自治的活動並ニ品性ノ陶冶ニ裨補シ、併セテ学校教育ノ補充的機能ヲ発揮シ校風ノ振作ヲ図ラシムコトトセリ」(『早稲田大学百年史』第四巻、一九九二年、四五三頁)。

(16) 「自主性の確立へ　学生委員会成る」『早大新聞』一九四六年二月二五日

(17) 前掲 "Student government at Waseda University"

(18) "Plans for Organizing an Over-all Women's Student-Body Organization" 20 March 1947. *GHQ/SCAP Records.* CIE(C)00333

(19) "Reorganization Plans for the Student Government of Tsuda" 30 April 1947. *GHQ/SCAP Records.* CIE(C)00337

(20) 「全国女専学生会協議会開かる　ホームズ博士の示唆」『日本女子大学校学生新聞』一九四七年九月二〇日

(21) 「全国女子学生協議会　恒久的組織なる」『日本女子大学新聞』一九四九年五月二〇日

(22) 山中明『戦後学生運動史』青木書店、一九六一年、八頁

(23) 「学園作物を勝手に処分　校長を排撃、上野高女四年生が盟休」『朝日新聞』東京版、一九四五年一〇月九日朝刊

(24) 「水高敢然同盟休校へ　文部当局の教育刷新に慊らず」『読売報知』一九四五年一〇月一二日朝刊

(25) 「水高の盟休解決　文部当局の誠意を容れて」『読売報知』一九四五年一〇月一四日朝刊

(26) 山中前掲書、一一頁
(27) 同前、一二頁
(28) 同前、一〇頁
(29) 日本学生運動研究会編『学生運動の研究』日刊労働通信社、一九六六年、一頁
(30) 「慶大社研が発足するまで」『社研会報』第一号、一九四六年（『資料　戦後学生運動1』所収）
(31) 「北大学生研究会設立」『大学新聞』一九四五年一一月一日
(32) 一九四四年三月、全国大学の学生新聞は用紙不足のためすべて終刊させられたが、学生新聞が完全に姿を消すことを惜しんだ東京帝国大学・戸田貞三教授（新聞部長）らの働きで、東京帝国大学に本社を置き、全国大学を対象にした学生新聞として刊行された。一九四六年四月に終刊するまで五八号を刊行した。
(33) 「東大社会科学研究会発足」『大学新聞』一九四五年一〇月二一日
(34) 佐原洋「戦後の東大細胞創設期の思い出」『一・九会文集』第四集、一九九九年、三四頁。なお一・九会とは、一九七三年一月九日に開かれた高沢寅男の衆議院議員初当選を祝う会に集った「一九四七年から五三年にかけて高沢君と行動を共にした仲間」、つまり東京（帝国）大学にて高沢とともに学生運動に参加した仲間によって結成された会である（『一・九会文集』第一集はしがき）。
(35) 同前、三四頁
(36) 日本共産党中央委員会『日本共産党の八十年』二〇〇三年、七三頁
(37) 「「真理」発刊の辞」『真理』第一号、一九四六年九月七日（『資料　戦後学生運動1』所収）
(38) 「学生自治委員会を即時結成せよ――人民のための大学建設へ」『真理』第二号、一九四六年九月二六日（『資料　戦後学生運動1』所収）
(39) 直井寿「教育復興闘争と全学連」『一・九会文集』第一集、一九九七年、七頁
(40) 「学生運動史検討委員会　第三回会合（一・十）議事録」『戦後日本共産党関係資料』不二出版、二〇〇八年、リールNo.8-0574
(41) 「自一九四五年十一月八日至一九五〇年六月十八日　党大会第四・五・六、全国協議会、全国オルグ会議、

全国宣伝者会議――年譜及議事内容」『戦後日本共産党関係資料』不二出版、二〇〇八年、リールNo. 1-0506~0509

(42) 佐原前掲回想録、二八頁

第三章

一九四八―五〇年における全国的な学生運動の高揚と政府・占領軍、共産党、学生たちの動き

第一節　政府・占領軍の動き

（一）「大学理事会案」・「大学法案」

一九四八年二月、大学基準協会内部に大学行政研究委員会（委員長・上原専禄）が発足した。同委員会は主として「大学教育審議会法」・「大学教員身分法」という二つの法律案の骨格を定めることを目的としていたが、翌三月に開催された第四回委員会において、「ＣＩＥから大学にボード・オブ・トラスティーズ（board of trustees）を置くこと、および大学教授の身分についてどう思うかと意向を聞かれた」という。[1] ボード・オブ・トラスティーズとは、アメリカのBoard of Trusteesを移入したもので、大学運営の最高機関として学外者で構成される理事会を置くというものである。これを機に同委員会においてボード・オブ・トラスティーズ＝大学理事会についてたびたび議論がなされるようになったが、これによって同協会にて「大学理事会案（Ｂ・Ｔ案）」を立案したという噂が立ち始めた。[2]

「大学理事会案」は従来の日本の大学における教授会中心の「大学の自治」を脅かすものとして、一九四八年四月八日に全国大学教授連合は反対の意見書を提出した。[3] そして学生側もこれに呼応して反対運動を開始したが、これについては第三節で詳述する。

この「大学理事会案」騒動については、それに反対の立場をとる教育刷新委員会委員長・南原繁が、理事会に代わって諮問機関としてのカウンシル（商議会）を置く案を提案して決議され、大学基準協会大学行政研究委員会も教刷委決議後の四月一四日を最後に休会したため、一旦収束した。(4) しかし、大学理事会の導入について強い意向を示していた高等教育担当顧問のイールズ（Walter C. Eells/Advisor, Higher Education）を中心とするＣＩＥ高等教育班は、七月一五日になって“Outline of Proposed Law Governing Universities”（文部省訳「大学法試案要綱」）を文部省に手交した。「大学法試案要綱」は全一二条であり、国立大学を対象としたものである。国立大学の目的（第一条）や、「各都道府県ニ一校以上ノ国立大学ヲ認可」し（第二条）、「少クトモ一校ハ総合大学ト」する（第三条）などの法律案が記されているが、中でも問題視されたのは各大学に置かれる管理委員会（第七条）の存在である。条文によると、その概要は以下のとおりである。

第七条　管理委員会

一　委員

各大学ハ左ノ如キ十三名ノ委員ヨリ成ル管理委員会ヲ有ツ

Ａ　国家代表

国会ノ承認ヲ経、文部大臣ノ任命ニ依ルモノ三名、内一名以上ノ大学所在ノ都道府県ニ定住スル者

Ｂ　都道府県代表

県議会ノ承認ヲ経、県知事ノ任命ニヨル者三名、但シ大学所在ノ都道府県ニ定住スル者二名

Ｃ　同窓会代表

大学同窓生ノ直接選挙、又ハ同窓会ノ決定シタ其他ノ方法ニ依ッテ選バレタ者三名、内一名以上ハ大学所在ノ都道府県ニ定住スル者

D　教授代表

大学ノ教授会ガ自ラ定メタ適当ナ方法ニ依リ選出サレタ者三名

E　学長

職権ニ依リ当該大学ノ学長

国家ハ都道府県ハ同窓会代表ハ当該大学ノ有給職員デアッテハナラナイ[5]

一九四八年一〇月、同案が公表されると、従来の大学の自治＝教授会の自治を大幅に制限し、国や地方自治体による大学への統制を強めるものとして、教職員組合、大学学長会議、および学生自治会などから大学法反対運動が起こった。教育刷新委員会は同年一一月、この「大学法試案要綱」に対抗して、商議会案を盛り込んだ「国立大学行政機関に関する法律」の制定を提案した。[6]その後もＣＩＥと文部省との間で折衝が続けられたが、ＣＩＥ案と教刷委案との食い違いから、四九年五月二四日に大学法案の上程中止が発表された。しかし、大学法反対運動は、四九年に同じくイールズから示された大学におけるレッド・パージの方針とあいまって、学生たちの間に激しい反対運動を巻き起こしていくのであった。

（二）ＣＩＥのレッド・パージ方針とイールズ講演

一九四九年一月、ＣＩＥは反共政策の強化・推進を重点課題として設定し、七月にはイールズが新潟大学開校式における演説で、共産主義者である教授とストライキを行う学生の大学からの追放を唱え、教育界におけ

るレッド・パージの推進を公言した。CIEの反共政策およびイールズの新潟大学における演説の経緯については明神勲らの研究[7]があり、詳細はそれらに譲るが、学生たちの反イールズ・反レッド・パージ闘争の前提となる部分であるので、その概要について述べていく。

一九四九年一月三日、CIE局長のニュージェント（Donald. R. Nugent/Chief, CIE Section）は、同年のCIEの年間活動計画策定にあたっての基本的観点をCIE各課に指示したが、その中で「考慮されるべきもう一つの問題は、文化分野における共産主義者の浸透の問題である。この問題に対処する方法に関しては、教育課、情報課、宗教課および文化財課から提出されるプランにおいて高度の優先権が与えられるべきである」と述べ、共産主義に対する対抗措置を重視した。[8]このため、CIE教育課内に共産主義対策の委員会が設置されたが、教育課長のオア（Mark. T. Orr/Chief of Education Division, CIE Section）の回想によると「教育課には、戦略委員会が設置され、時に応じて会合をもったが、確固とした活動方針で一致するには至らなかった」ようである。[9]

こうした中、一九四九年四月ニュージェントから「新制大学の開校式に誰かSCAPの演説者が、単に学問的であるだけでなく教育界における現状の緊要の問題を扱ったメッセージを持っていくべきである」との指示がなされ、[10]それが新潟大学開校式におけるイールズ講演の直接の契機となる。明神によると、「教育界におけるレッド・パージの推進をCIEの高官として初めて公言した」のがこの講演である。[11]『朝日新聞』の記事によると、七月一九日に行われた同講演の趣旨は以下のとおりである。

△共産主義教授の除外を勧告する根本の理由は彼らが「自由でない」ところにある。共産主義者の思想、信念、教義などはすべて外部から支配されたものであり、物の考え方、教え方についても一々本部から指

図されている。それ故にこそ学問の自由という大学の最も重要な権利と義務の名において、われわれは共産主義者として知られる大学教授をあえてもとうとしないのである。なぜなら彼らはもはや授業をし研究を行う真の自由をもっていないからである。

△米国の委員会の議論はきわめて簡明で論理的で納得のゆくものである。つまり「思想の自由は米国の教育精神全般の基礎である。共産党員は思考の自由をもっていない。彼らは共産党に入党したときその自由を放棄したのである。したがって彼らは民主主義国では大学教授であることは許されない」ということである。(12)

ここでいう「米国の委員会の議論」とは、一九四九年六月八日に公表されたアメリカの全国教育協会教育政策委員会の報告書であると考えられる。同報告書にはアメリカ教育の戦略的基本方針として、「共産主義あるいは他の種類の全体主義に関して教えることは、これらの教義を奨励することを意味しない。この様な奨励はアメリカの学校では許されてはならない」「アメリカ合衆国の共産党員は教師として雇われてはならない」などがあげられており、(13)こうした米国内の動きもイールズ講演を後押しした。同講演において、イールズは学生運動に対しても以下のように言及している。

△教授と同様学生も研究の自由――真理を探求する自由をもっている。しかし遺憾ながら日本の学校には一部の学生がストライキをやるという不幸な傾向が見られる。さらに悪いことはこれら学生の多くがストによって、学生に与えられた研究の自由を浪費しているという事実である。

△日本国民は文字どおり経済的苦難の時代にあって、なおかつストライキに訴え集団的に教育を足げにす

るような学生のために大学教育の大部分を税金によって賄っている。ストライキによって彼らは自分自身の教育の機会が利用できなくなるばかりでなく、他の学生の機会をも奪うことになる。一応しかるべき警告を与えたのちに、こうした学生に対してとりうる唯一つの公正な措置は、彼らを大学から退学させ、教育の機会を熱望している他の青年に席を譲らせることだ。[14]

以上のように、新潟大学開校式におけるイールズの講演は、共産主義者の教授やストライキを行う学生を大学から追放すべきであるという趣旨のもとに行われた。前述のとおり、日本国内で広がりをみせる共産主義に対抗することはCIEの方針ではあったが、その方法については必ずしも一致してはいなかった。オアによれば、イールズは「極めて攻撃的な演説原稿を書くことで論争を始めた。教育課には異なる意見があったが、その演説はマッカーサー将軍自身にまで通ずる、必要なルートを通して承認されていた」ようである。[15]

こうしてイールズは新潟大学での講演の後、一九四九年一一月七日の徳島大学を皮切りに全国三〇の大学で講演旅行を行った。その講演内容は、大学関係者や学生から大きな反発を招いた。これらの反発に対し、イールズは一一月一一日の岡山大学での講演において「全国民の政治上の権利と大学教授としての資格は別である。大学で教えることは権利でなくて特権である」「日本とアメリカでは事情が異るというが、共産主義に関する限り日本はアメリカよりずっと危険な状態にある」などと反論し[16]、講演活動を続けた。そして第三節（三）で述べるように、東北大学・北海道大学において、学生たちからの激しい反対運動を受けるのである。

(三) 学生自治会・連合組織との接触

一九四九年に入っても、全国的な学生運動は収束することなく、大学理事会案に代わる「大学法試案要綱」

に対する反対運動などが全学連を中心に続いた。そのような中、前項で述べたとおり、ＣＩＥは同年一月、反共政策の強化・推進を重点課題として設定し、七月にはイールズが新潟大学開校式における演説で、共産主義者である教授とストライキを行う学生の大学からの追放を唱え、教育界におけるレッド・パージの推進を初めて公言した[17]。その一方で、新たに新制大学として発足する大学や、全学連に属していない学生自治会関係者との面談を行うようになる。以下、その内容について述べていく。

①新設の学生自治会に対する助言

一九四九年五月二七日には、松本医科大学学生のフクイ[18]らと青年団体・学生活動担当官のタイパー（Donald M. Typer/Youth Organizations & Student Activities Officer）との面談が行われた。会見録には、「フクイは新たに設立された松本医科大学の学生であり、完全に新たな学生自治会の計画を、いかに準備するかについて、尋ねるために呼ばれた」とある。タイパーからは松本医科大学における学生自治会の設立に対し、「学生集団の規模がとても小さいため、極めてよく選びぬかれた小規模の自治評議会（a small government council）とその役員が設けられるとよい。ついで、教授陣は、中央自治評議会（the central governing council）の委員として働かせるための二、三人の人物を選ぶとよいだろう。この評議会はその後、学生と教授陣の要求と関心に対して活動させるために必要、かつ機能的な委員会を組織したり、指名したりするとよい」と提案した。

フクイからはタイパーに対し、「新たに作られた自治会組織が、もっとも左派的な学生自治会の連合である全学連に加わることは賢明か否か」という質問がなされた。タイパーはこれに対し、「学生集団はこれらの問題について徹底的に議論しなくてはならない」と意見を表明した上で、「しかしながら、全ての集団にとって、活発な政治的闘争に加わるようにすることは、集団を困らせることになるだろう」と述べた。また、会見録の最後に、「この困難は、新たに組織される集団にとっては破滅的なものとなりかねない」[19]と危機感を表明していた。
以上のような危機感を抱いていたタイパーであるが、七月五日に再度訪問したフクイから、学生自治会を設置することを竹内松次郎学長から完全に拒絶されたことが報告されると、地方民事部（local civil affairs）の教育担当官に対して、この状況の調査を依頼することを勧めた。また、もし彼がＧＨＱ／ＳＣＡＰからの援助を望むのであれば、この要望を連絡網を通じて転送することも可能である旨フクイに伝えた。[20] タイパーは新たに組織された学生自治会が全学連に加盟することに対しては危機感を抱いていたものの、そのために学生自治会を設置しないという大学側の消極的な対応に対しても拒否反応を示していたのである。

その後の松本医科大学の学生自治会について、『信州大学医学部25年史』には、一九四九年一一月に「松本医科大学・松本医学専門学校医学生会」（仮称）の名称についての懸賞募集が行われたとの記事がある。同記事によれば、「この「医学生会」というのは、本年7月11日以来関東軍教育課長フォックス博士・長野民事部ハムバード博士の指導によって定められたもの」である。[21] 前掲のフクイとの面談の六日後のことであることから、タイパーから地方民事部に対して指示が伝えられた可能性は十分にある。

②反共産党系の学生自治会連合組織に対する助言

以上述べてきたとおり、ＣＩＥ担当官たちは全学連の学生自治会への影響に対して危機感を抱き、全学連系ではない学生自治会委員に対して助言を与えていたが、同様に、反全学連系の学生自治会連合組織に対する助言も行っていた。

一九四九年七月二九日には女子教育担当顧問のホスプ（Helen M. Hosp/Advisor, Women's Education）およびイールズが全国私立大学高専学生自治会連合（私学連）中央委員会のメンバーと面談している。私学連は第三節（一）で述べるとおり、全学連への合流を主張する関東の大学と私学の独自性を主張する関西の大学が、それぞれ独自の線において結成した連盟であるが、会見録によると「共産主義者によって支配されている全学連の影響力に対抗することを目的に活動している」とあるため、ここでいう私学連は関西側の組織と考えられる。イールズはこの組織の目的・目標について説明を受けた後、それを承認しつつ、いかなる専制的な様式の活動にも抗するよう警告した。また、同委員会のすべての活動は、個別のキャンパスの議論と承認に服するものになるべきだと要求した[22]。

また、一九四九年一〇月二〇日には、タイパーが私学連のメンバーの自宅で開催された同団体の役員会に参加している。ここでは、「全米学生連合の最近の印刷物が役員たちによって検討され」「非政治的特徴をもつその組織の活動内容は、団体の役割に関する議論を刺激した」と会見録に書かれている。タイパーはこの議論において、私学連のメンバーが学生自治会の役割についての考えを明確にするのを助けた。その結果、学生自治会が振興する適切な公民ないし立法に関する活動として、(1)学生たちに、高等教育に関連して提案されている法案のコピーを配布することなどによって、情報提供を続けること、(2)一般的かつ適切で、頻繁にみられるキャンパスにおける社会的文化的生活に関する活動的な興味関心を刺激すること、(3)広く社会的文化的問題に関する大学の言論人として認められた教授たちと協力すること、などの結論が導き出された。

この議論では同時に、個別の学生自治会にとって好ましくない活動として、「党派的な政治活動に参加すること」「目的・目標が政治的であるような大学間連合に参加すること」などがあげられた[23]。私学連の役員たちはタイパーの助言を受け、全学連とは明らかに一線を画した、アメリカの大学学生自治会に近い学生自治会を模索しようとしていたことがわかる。

一九五〇年に入ると、学生運動総評議会（学生総評）と称する団体との面談が増えてくる。学生総評とは、同年六月一七日に東大新人会を中心に約二〇の学生団体が反全学連を旗印に結成した団体である[24]。七月三日、同団体の渡辺と文部省のカトウがタイパーと面談し、新たな学生連合について議論している。会見録には、「この連合は、現段階においては、強力な反共産主義戦線を担っている。渡辺は前共産党員で、一九四八年に党を除名になった。これは、東京大学が共産主義者に対抗するために、新人会から赤化グループを排除した時である。彼は現在、東京大学の大学院生で、学生総評の顧問として活動している」[25]と書かれている。この渡辺とは元日本共産党東大細胞のリーダー・渡辺恒雄である。渡辺は四七年末の共産党東大細胞の解散[26]に際して共産党を離党し[27]、その後再建した新人会や学生総評で反全学連・反共産党の活動を行っていた[28]。

会見録によると、学生総評の当時のスローガンは「全学連のリーダーたちを追放せよ」および「学生運動から党支配を締め出せ」であった。これに対しタイパーは、目的を単なる反共産党からより広いものに発展させることを求め、「包括的、基本的、挑戦的で民主的な計画が、巨大な中道の真の必要に見合い、またその支援を集結させられるような形で考案されることが必要である」と述べた[29]。

一九五〇年八月三日には、渡辺と学生総評副議長の氏家斉一郎らが同団体の総合的な目的と計画について議論するためにタイパーを訪問した。会見録によると、同団体の綱領には、大学自治の維持、学問の独立、非合理的な抑圧の根絶、内部の混乱からの解放、などが据えられていた。これに対してコメントを求められたタイパーは、この声明のネガティブで抵抗的な性格についてコメントし、「奨学金の拡大」「生活環境の向上」「より多く、良質なアルバイト雇用の保証」などに設計し直すことを提案した。

また、タイパーは全学連との闘いには、ほんの少ししか時間を費やすべきではないと提案し、これと同等のエネルギーで強固な学生総評を打ち立てられるはずだとも述べている[30]。

第二節　共産党の動き

（一）学生運動に対する党中央の指導

以上のような学生運動の高揚には、日本共産党の動きが大きく関係している。第四章第二節で述べるように、一九四七年一二月、共産党は第六回党大会において東大細胞の解散を決議した[31]。その後再建された東大細胞のメンバーが、全学連を結成するなど学生運動の中心となっていく。四八年に入ると、共産党は「学生運動のためのオルグ派遣について」（通達第六五号、三月三日）、「大学自治連グループ員派遣に関する件」（通達第七六号、三月二九日）[32]など、学生運動関係の通達・指令を次々と出し、学生自治会やその運動方針に対して直接指示・指導するようになる。この機において直接指示・指導するようになった理由について、「学生運動の指導について」（指令第二六一号、六月九日）の中で次のように述べられている。

党各級機関に於ても従来の学生運動の過小評価、学生党員を学校外の活動にのみ引廻して学生運動の指導をかえりみない所の学校細胞にたいする便宜主義を克服し、学生党員を教育復興斗争に立上らせ、学生層の間に党を拡大し、充分に学生層の革命的エネルギーをくみとり、その中から優秀なボルシェヴィキを作り上げてゆく高い政治的指導性を発揮しなければならない。[33]

以上をみると、従来日本共産党は学生運動をあまり評価せず、学生党員を学外の労働運動などに従事させていた。そのため第二章第二節（三）で述べたとおり、共産党は敗戦直後は学生自治会および学生運動に対し組織的な指導を行っていなかったと考えられるが、全国的な学生運動の高揚に伴い、学生運動への指導方針を明確化したのであった。

このような共産党中央の指導もあって、第三節（一）で述べるように一九四八年には全国的な学生運動が盛り上がりをみせ、六月の教育復興闘争における全国一斉ストライキや、九月の全学連の結成が実現したのである。しかし、東大細胞のリーダーであった安東仁兵衛の回想によると、「党中央と武井（昭夫―筆者注）ら全学連グループ・東大細胞L・C（Leading Committee の略―筆者注）との方針のくい違いは全学連が結成されると同時に生じていた」ようである。[34] 前述の第六回党大会において、共産党中央は地域人民闘争の方針を採用していた。全学連の主導する学生運動は、この地域人民闘争の方針に反してストライキ偏重であると、次第に党中央から非難されるようになっていったのである。この党中央と全学連の間の溝は次第に深くなり、五〇年のコミンフォルム批判を契機に決定的なものとなっていくのである。

（二）共産党の分裂と全学連との決裂

一九五〇年一月六日、共産主義政党の国際組織であるコミンフォルムの機関紙『恒久平和と民主主義のために』に、「日本の情勢について」という論文が掲載された。そこには日本共産党の中心人物であった野坂参三を名指しして以下のような批判が述べられていた。

占領軍について、野坂は、日本共産党の目的を阻害しないばかりでなく、反対に占領軍はその使命を遂行しつゝ日本の民主化に貢献するであろうという意見をのべている。

野坂はまた「連合軍の駐屯は日本を非武装化すると同時に日本人民を全体主義的政策から解放し、日本を民主化するものである、日本占領軍は日本を植民地化する意図をもつていない」とし、さらに、日本共産党は占領下においても、労働階級を政権に導くことができるという意見をのべている、即ち野坂は確言している「プロレタリア党は国会内で多数の議席をしめ自分達の政府をつくり官僚機関とその勢力を破壊して政治権力を手中におさめ得る可能性ができた、換言すれば、民主的方法によつて国会を通じて権力を握る可能性ができた」

（中略）

野坂の「理論」は、日本の帝国主義占領者美化の理論でありアメリカ帝国主義称さんの理論であり、従つてこれは日本の人民大衆を偽まんする理論である。[35]

以上のように、論文の表向きの趣旨は、占領軍を解放軍と規定した野坂理論に対する批判を述べたものであるが、それは同時に当時の日本共産党の指導者たちに向けられたものでもあった。これを受けて、日本共産党中央委員会政治局は一九五〇年一月一二日、「「日本の情勢について」に関する所感」を発表し、以下のように反論している。

論者が指摘した同志野坂の諸論文は、不十分であり、克服されなければならない諸欠点を有することは明かである。それらの諸点については、すでに実践において同志野坂と共に克服されている。そして、現在はその害を十分とりのぞき、わが党は正しい発展をとげていると信ずる。

（中略）

かかる状態を十分に考慮することなくして、外国の諸同志が、わが党ならびに同志の言動を批判するならば、重大なる損害を人民ならびにわが党に及ぼすことは明かである。

（中略）

党は同志野坂、その他二、三の活動家の言論が欠陥をもたらしたときは、その時々において克服して正しく発展しているのであつて、この論文の評価のように四ヵ年間にわたつて誤謬が累積しているように認めているのとは、きわめて異なった印象を大衆はもつている。[36]

さらに日本共産党は一月一八―一九日に第十八回拡大中央委員会を開催し、コミンフォルム機関紙の論評に関する決議を行い、「コミンフォルム評論家の指摘した私の諸論文にあらわれた〝理論〟は、当時の内外情勢の特殊性はあつたが、原則的に誤びゆうである」とする野坂の自己批判を認め、野坂に対する党の見解を以下のように発表した。

同志野坂は、現在、第十八回拡大中央委員会の「決議」の精神に従つて、日本の独立と自由、平和のために斗いつゝある。われわれは、同志野坂のこの決意と誠実をよく評価し、また同志野坂の廿余年にわたる活動の積極面に対する敬意を忘れることなく、今後の同志野坂の指導的健斗に対し深い期待と信頼をよせている。[37]

このコミンフォルム批判を契機に、日本共産党は徳田球一・野坂らを中心とする主流派（所感派）と、前記「所感」に反対する志賀義雄・宮本顕治らを中心とする国際派に分裂した。これに伴い、各大学の共産党細胞およびそのメンバーが中心となっている学生自治会も分裂することになる。宮本に指導を受けていた東大細胞、宮本と親しかった松尾隆[38]の指導を受けていた早大第一細胞、およびそれらが中心となっている全学連書記局は国際派に属した。全学連は一九五〇年三月、「全学連意見書」を日本共産党中央委員会に提出した。かなりの長文ではあるが、その一部を抜粋すると以下のとおりである。

グループ指導部は、この方針（スト回避の方針―筆者注）が明かに議会主義的であり、且つすでに現実にもりあがっている学生大衆の全国的闘争を拒否する日和見的方針であると感じたが、党中央の決定に服従しつつその欠陥を闘争の中で克服することとしてこの方針で地域の学生運動を発展させようと努力を重ねた。（中略）党中央が学生運動を学校権力、地方権力に対する地域人民闘争へと指導したため、この全国的規模の帝国主義的弾圧をはねかえす全国的反帝闘争を組織できず後退に後退をつづけて行ったのである。

（中略）

しかし、やがて四九年夏頃より、地域闘争を回避し、労働階級の実力、階級的団結による闘争を、小ブルジョアジー大衆追随の闘争、議会主義的闘争にすりかえる戦術であり、プロレタリアートのヘゲモニーの基礎をなすプロレタリアートの力に対する不信から来る「理論」であることに気がつくにいたった。

（中略）

このように全学連中央グループの約一年余の闘争の経験は、党の指導方針の誤りが原則的誤謬に基因することを次第に明瞭にして来た。そして学生運動のグループは、党の官僚主義と原則的誤謬に対して、苦しい長い党内闘争を続けていたのである。

そしてこの半年来は、ひたすら国際批判を待ち望むようになっていたのである。[39]

一九五〇年四月にはこれに続いて、東大細胞、早大第一細胞もそれぞれ「東大意見書」、「早大意見書」を党に提出している。日本共産党東京都委員会はこれを受けて「現在の緊迫せる諸情勢の下で党が鉄の規律と統一を堅持する為に」「五月五日緊急の措置として東大細胞、早大第一細胞の解散を通告し、ついで翌六日、全学連中央グループによって構成される全学連書記局細胞の解散を通告」している。[40] これによって、全学連およびその中心であった東京大学・早稲田大学の学生自治会・学生細胞は日本共産党と一旦袂を分かつこととなる。

一方、「京都では民主民族戦線を押し出す野坂の影響が強」かったこともあり、[41] 京都大学細胞、同学会もまた主流派に属した。この違いが一九五〇年における学生自治会の活動にも表れてくる。次章以降、東京大学・京都大学・早稲田大学それぞれの学生自治会結成の動きとその活動について述べていく。

第三節　学生たちの動き

住谷悦治・高桑末秀・小倉襄二はこの時期の学生運動について、「客観状勢の進展とともに学生運動のカンパニアが飛躍的な一大結節点を獲得したのは一九四八年の教育復興闘争とよばれる六・二六ゼネスト、大学法反対運動である」と述べている。(42) また、山中明は「四八年を転機として、四七年一杯の苦闘を通じて学生戦線統一の念願を実現する基礎が出来上がりつつあった」としている。(43) このように、一九四八年から五〇年にかけては、授業料値上げ反対運動に端を発する教育復興闘争、大学法反対運動など大規模な学生運動が頻発した時期である。またそれらの運動を通じて全国の学生自治会が結集し、全学連などの連合組織を形成し、学生運動の一大結節点となった時期でもある。本節では、四八年から五〇年に起こった生運動の概要について述べていく。

（一）教育復興闘争と学生自治会連合組織の結成

戦後日本の経済はインフレーションの到来により危機的状況にあり、一九四六年一月には卸売・小売ともに価格は戦時中の二倍以上となった。翌月一七日には、インフレ抑制のための新円発行・旧円預貯金封鎖を決めた「金融緊急措置令」が公布されるが、インフレの勢いは止まるところを知らず、四七年、四八年にかけてさらに進行していった。このような状況の中、高等教育諸学校は官公私立ともに財政難にみまわれ、それぞれ学生定員を増やす、授業料を値上げするなどの措置をとった。官立学校については四八年五月二〇日、文部省が国立大学・高校・専門学校の授業料を大学は六〇〇円から一、八〇〇円、旧制高校・専門学校は四〇〇円から一、二〇〇円へと三倍に値上げすることを通達し、私立学校についても同年九月、私立大学協会（私大協）が翌年発足の新制大学の学費を六、〇〇〇円とする協定を結んでいる。

これに対して学生たちは、結束して様々なかたちで反対運動を行った。すでに一九四七年一一月、全国国立大学学生自治会連盟（国学連）が結成されており、その連盟の事務局は東京大学学生自治会内に置かれていたが、[44]授業料値上げが発表されるとただちに反対運動を開始した。国学連は文部省に対し、「値上げの撤回、授業料減免制度の確立、育英資金の拡充を要求」し交渉に入った。[45]四八年四月二八日に開かれた代表者会議においては、授業料値上げ問題について「六〇〇円以上は不可、成らずんば不払の体制を取る」という京都大学案、「三倍ならば反対、しかして育英会より補給をまつ」という東京大学案、「三倍値上げを認める」という九州大学案の三つの案が提示され、論議の末京都大学案が採択された。[46]またこの会議においては授業料の値上げにより大学が一部の富裕な子弟に私物化される危機が指摘され、「教育復興の前途を憂慮するが故に断然決起して一斉不払い態勢をとってこれに応じ」ることが宣言された。[47]この結果に基づいて不払いを決議し、森戸辰男文部大臣宛に決議文を手交し、文部省との交渉に入った。

また関西地区においては、「現在各地で起こっている問題は、一校、一地区では解決できぬ段階に入った」として、一九四八年一月京都大学において立命館大学、同志社大学、大阪商科大学、大阪大学、神戸経済大学、奈良女子高等師範学校の代表が集まり、関西学生自治連盟（関西自治連）の準備会が行われ、[48]二月一日には関西大学において結成式が行われた。この関西自治連には四八の大学・高校・専門学校が加入しており、ここにおいて京都大学同学会は中心的な役割を果たしている。[49] この結成式上において「学生生活の安定」として、学生定期、鉄道運賃、授業料値上げの問題が取り上げられている。[50] その後四月二〇日に京都大学で開かれた総会においては、官公立学校は「不払い同盟」を結成しあくまで値上げに反対する意向を示し、私立学校は私学の国庫負担増額など、官私の差別撤廃運動を条件に官公立学校の運動を後押しすることに決定した。[51] 六月一日、関東自治連・国学連が日比谷において教育復興学生決起大会を開いて授業料値上げ反対を決議し、国会・文部省へデモ行進を行うと、四日、関西自治連は協議会を京都大学にて開催し、不払い態勢維持を確認している。[52]

これら学生自治会連合組織の決議をもとに、各大学自治会は学生大会を開き、それぞれ授業料値上げに対する方針を決議した。第四章第三節で詳述する東京大学の決議に続いて東京文理科大学、広島文理科大学、新潟医科大学、金沢医科大学、北海道大学、京都大学、九州大学、東京商科大学、静岡高等学校、佐賀高等学校、山口経済専門学校、仙台工業専門学校、帯広農業専門学校、第四高等学校でも不払い闘争の決議が行われた。[53] 一九四八年五月に文部省が授業料三倍値上げの通牒を発した当時、反対・不払い校は八〇数校に達した。[54]

またこの授業料値上げと期を同じくして、第一節（一）で述べたとおり一九四八年三月に大学基準協会が大学理事会案（B・T案）を立案中であるという噂が流れた。そして学生側もこれに呼応して反対運動を開始したのである。関西自治連においては、前述の四月二〇日の総会において京都大学よりB・T案問題について提議された。京都大学代表は、この案は大学の地方委譲案をさらに強化したものであり、大学を構成する何人も大学行政にタッチできなくなりその自主性が確保しがたく、かつ学問の水準を低下させる恐れがあるとした。続いて神戸経済大学は、この問題は教育に対する世論をもっとも正しく反映できる学生の意見を大学行政に参画させることによって解決できるとした。また大阪商科大学は、理事会の構成は官僚・実業家が大部分であり、社会の一部の世論しか反映できないとし、各校とも反対意見を述べた[55]。

一九四八年四月二八日には国学連において前述の代表者会議が開かれ、この問題について各大学の意見交換がなされた。東京商科大学は学校と社会の結合という点については賛同を示した上で、教授会・学生自治会などで構成される全学協議会を設けてその中に理事会を含めることを提案した。これに対して東京大学はB・T案は植民地的政策であると断定し、全面的に反対したうえで、学生自治会、職員組合、教授の三者同数で構成される全学協議会を設ける案を提示している。これらの議論の末、B・T案反対は全会一致で決議された[56]。

国学連はまた、六月一日教育復興学生決起大会を開催して前述の授業料問題とこのB・T案問題をふまえた「教育復興宣言」を採択し、学問の自由、教職員の待遇改善、六三制完全実施、文教予算の増額などの広汎な教育復興運動の行動綱領を確認した。また同月一四日には代表者会議を開き、授業料値上げ反対、文教予算の獲得などを要求して、通らなければストライキに入ることを決議した。一六日の全国官公立大学高専自治会連盟（全官公自治連）[57]の結成大会においても、①文教予算の飛躍的増額（一、〇三〇億円）、②学生生活の破壊反対（授業料値上げ反対など）、③教育制度の改悪反対（B・T案反対など）、④学問の自由と学生自治運動への干渉弾圧反対などを要求する「教育復興闘争についての決議」を行い[58]、二一日に文部省との交渉が決裂したことから、二三日から二六日まで全国一斉にストに入った。その数は二三日関東二九校、二四日関西・東海・北陸三三校、二五日中国・四国・北海道・九州・東北四三校、そして二六日には全国一斉で一一〇校がストに入り、約二〇万人が参加した[59]。

これによって授業料値上げ反対運動、大学理事会案（B・T案）反対運動は、全国の大学・学生を巻き込んだ「教育復興闘争」へと拡大していった。また、その過程で国学連・全官公自治連など、学生自治会の連合組織が形成されていった。上記の連合組織は国公立大学が中心であるが、私立大学においても連合組織結成の動きがみられ、一九四八年七月六日に東京大学にて開催された官私学合同大会においては、私立大学の学生自治会連合組織の結成が提案された[60]。その後、九月に全国の私立大学六〇数校が集まって全国私立大学高専学生自治会連合（私学連）の結成大会を開催したものの、全学連への合流を主張する早稲田大学を中心とする関東の大学と、私学の独自性を主張する関西大学・立命館大学など関西の大学で意見が分かれたため、両者が独自の線において私学連を作ることになった[61]。

こうして全官公自治連と早稲田大学を中心とする私学連が合流するかたちで、一九四八年九月一八日から二〇日にかけて全学連の結成大会が開催され、本節冒頭で述べたとおり、学生運動の一大結節点となったのである。

（二）大学法反対運動

全国一斉ストライキから五日後の一九四八年七月一日、大学理事会案問題について全官公自治連代表である東京商科大学の服部・コヤマがＣＩＥ教育課にてイールズと会見した。ＣＩＥ会見録によると、「これらの学生は、国立大学のための理事会について、彼らがこのような理事会が予期されるとの噂を耳にしたために、そこで起こりそうなことについて調査すべく訪れた」とあり、それに対して「彼らには合衆国における各種の理事会について、その構成、責任、さまざまな機関の組織について、また日本における発展の将来性についての情報が与えられた。しかしながら、そこでは提案はいまだ試案の段階に有り、さらなる議論の対象であることが強調された」と回答したとある[62]。これだけでは議論の中身はわからないが、『東京大学新聞』によると、イールズは学生代表たちに大学理事会案修正の骨子を次のように述べている。

一、理事会は一般市民六名、大学代表七名で構成する
一、一般市民六名の中三名は文部大臣が指名して国会の承認を得る、他の三名は知事が指名して県会の承認を得る
一、大学代表七名のうち三名は先輩、三名は教授、一名は学長とする
一、理事会は最高議決機関で経営人事などすべてを決定し、学長は学部長及び前学長の推せんできめる
一、財政の大半は国庫負担とする、各校への分配は教職員学生の員数に比例させ、講座制にはしない
一、理事会が中央又は地方の教育委員会から制約を受けることはない(63)

第一節（一）で述べたとおり、一九四八年一〇月に大学理事会案に代わる「大学法試案要綱」が公表されると、教職員組合、大学学長会議、学生自治会などを中心として大学法反対運動が起こった。全学連中央執行委員会はこれに対して、「大学法学生案要綱」を作成・公表した。それによると、大学に関する中央機関として、全国一区で公選された三〇名の委員で構成される中央大学委員会を設置し、各大学には教職員代表・学生代表各同数からなる大学自治評議会を設けて、大学の組織・行政および財政に関する一般方針を定めることとした。また、大学に要する一切の経費は原則として全額国庫負担とし、授業料は徴収しないこととした(64)。

学生たちによる大学法反対運動は一九四九年に入っても続き、二月四日から三日間にわたって開催された全学連第一回臨時全国大会においては、「大学法案、私学法案に反対し、学園の自治を守ろう」がスローガンの一つとして掲げられた(65)。また、三月には共産党の呼びかけのもと、「伏見康治、武谷三男ら学術会議のメンバーに、中村哲ら都内の大学、高校の教師、日教組中執、そして野坂、宮本、全学連三役の連名で反対と共同プログラムのための全国協議会結成のアピールが出され」た(66)。こうして結成された大学法対策全国協議会では

同月一九日、大学法案反対教育復興国民大会を開催し、「さきに明らかにされた大学法試案要綱は、わが国の大学における研究、教育の実情にふさわしくないものであり、これを強行する場合には、学問の自主性、創造性と教育の進歩性とを破壊する結果になる（後略）」との決議文を採択し、その決議文を二一日に国会および文部省に提出した[67]。

五月に入ると、全学連中央闘争委員会は「三日附をもって「闘争宣言」を発するとともに〝即日ストに入れ〟の指令を発し」、全国規模の大学法反対ゼネストが行われ、二二日の時点で一一六校、八万人の学生がストライキに入ったとされている[68]。こうして大学法反対運動は、全学連中央の指示のもと、日本学術会議、日本教職員組合などの団体とも結びつきつつ展開されていった。こうした反対運動の成果もあって、五月二四日に大学法案の上程中止が発表されている。

（三）イールズ事件とレッド・パージ反対運動

第一節（二）で述べたとおり、一九四九年七月の新潟大学開校式を皮切りとするイールズ講演は、大学関係者や学生たちの反発を招くものであった。明神勲によれば、「北大、名古屋大、京大、大阪大、神戸大、山口大、熊本大では学生団体から公開質問状が提出され、岩手、山形、秋田、宇都宮、東北、山梨、九州の各大学では抗議の声明がだされ」た[69]。中でももっとも激しい抗議行動があったのは、五〇年五月二—三日に開催された東北大学における講演と、同月一五—一六日に開催された北海道大学における講演である。

東北大学においては秘密裏にイールズ講演の準備が進められていたのであるが、それを関知した学生自治会代表が四月二六日に高橋里美学長に面談を求め、「イールズ氏の資格は公的か私的か」「学生代表に自治委員を入れぬのは何故か?」「イールズ氏来学については何故公示しないのか?」などの質問をしている[70]。学生たちの抗議行動はその後も続き、講演前日の五月一日には、メーデーの集会に参加した後、労働者とともに大学本部に行進し、学生部長に面会を求めた。学生部長との数時間のやり取りの後学生たちは、イールズ講演は私的なものである、私的な講演のために講義をつぶして教室を使う必要はない、今後起こる一切の事態の責任は大学当局にあることを決議した(71)。そして講演会当日には、会場となった教室に多数の学生が押し寄せ、講演を中止して学生大会を開催することを要求し、結果講演は中止された(72)。

イールズ講演をめぐって学生と大学当局が激しく対立した東北大学に対し、その一三日後に講演が開催された北海道大学では、早い段階から教職員・学生の共闘組織ができあがっていた。一九四九年九月、学内の教官に対するレッド・パージ計画を教職員組合が暴露すると、学生自治会、教職員組合、民主主義科学者協会札幌支部の三団体を中心に「北大を守る会」が結成された。同会は「レッド・パージ問題をはじめとする〝学業＝学問の危機〟に対し」「学生、教職員一体となって運動を進めることを目指した学内共斗組織」であった(73)。

翌一九五〇年三月、イールズ講演に関する情報がもたらされると、四月頃から上記三団体それぞれで同講演に対する取り組みが進められた。講演会の準備過程における責任者は理学部長の松浦一であったが、彼は「〝北大の良識〟を代表する一人として多くの学生、教職員の信頼が厚く、当時民科札幌支部長の地位にあった」人物であった(74)。学生たちも松浦に協力することを約束し、松浦の指示のもと、一日目午前中の講演会は平穏無事に済ませ、午後の懇談会で学内の教授たちがイールズを論破したのである。そして二日目の懇談会では、自由討論を行う予定であったがイールズの抵抗にあい、質疑応答を求める学生との間で混乱が起き、懇談会は中止となった(75)。

同じイールズ講演に対して、東北大学と北海道大学とで対応の違いが出た背景の一つに、前節（二）で述べた共産党分裂の影響がある。当時共産党東大細胞に所属していた岡田裕之は、当時の学生運動の状況を以下のように証言している。

全国組織の全学連も党組織の分裂情況に従って、本部（事実上、東大）・東京都（および関東）学連・九大・東北大などは国際派、関西（京都府、大阪府）学連・北海道学連などは主流派に分裂し、対立する。（中略）東大は東北大のイールズ闘争を評価するが、北大の全学的闘争は紹介しない。主流派も同じで、都学連のレッド・パージ反対闘争には「跳ね上がり分子」と水をかけて妨害する。当時学生運動の中心指導勢力は東大（旧制）だったので、全学連では国際派系が主流派で共産党主流派系が反対派だった。(76)

以上のように、共産党東北大学細胞は国際派に属し、全学連中央とも協力関係にあったが、北海道大学細胞は主流派に属し、全学連とは対立していた。その違いが、後のレッド・パージ反対運動にも影響してくる。一九五〇年五月二二日に開催された全学連第四回臨時全国大会においては、イールズ声明撤回などを求めて六月三日に全国ストライキを行う決議がなされたものの、主流派の大阪商科大学らからストライキよりも日常闘争のほうを重視すべきだなどの反対意見があった。(77)

また一九五〇年九月一日に政府が公務員のレッド・パージを正式に決定すると、「公務員には国立大学の構成員が含まれるから、全学連はこれを大学におけるレッド・パージ決行と受け止め、先の戦争の経過にかんがみ、これは日本が全面的に戦争に巻き込まれる前触れだ、と理解し、闘争方針を決定」した。(78) 九月は夏休み期間であり、月末にかけて前期試験を行う大学も少なくなかったため、全学連は「試験ボイコット」の戦術を採用した。二五日には法政大学、三〇日には東京大学教養課程（駒場キャンパス）で試験ボイコットが行われた。全学連は全国の大学にストライキを呼びかけ、一〇月二〇日に全国一斉ストライキを行おうとするも、ストに参加しない大学、あるいは参加しようとするも大学当局の厳しい取り締まりによって参加できない大学もあり、全国ストは実現しなかった。

しかし、ストライキを行う、行わないなどの違いはあったものの、レッド・パージ反対の動きは多くの大学でみられた。次章以降、東京大学・京都大学・早稲田大学それぞれにおけるレッド・パージ反対運動の様相について述べていく。

小結

以上、一九四八―五〇年における全国的な学生運動の高揚と、その背景にある政府・占領軍および日本共産党の動きについてみてきた。四八年には教育復興闘争と呼ばれる全国規模の学生運動が起こり、その中で全学連など学生自治会連合組織が形成されていった。この背景の一つには、共産党中央による組織的な学生運動に対する指導があった。しかし、全学連が結成された頃から、徐々に共産党中央との方針の違いがみられるようになった。

一九四九年には大学法反対運動が全国の大学関係者の間で起こった。これは前年にＣＩＥ高等教育班から文部省に手交された「大学法試案要綱」に対する反対運動であるが、この運動において学生たちは、日本学術会議、日本教職員組合など、学生以外の団体とも連携しながら運動を行っていった。
一九五〇年初頭、コミンフォルム批判によって日本共産党は主流派（所感派）と国際派に分裂した。これに伴い、学生自治会も二派に分裂した。そのような中、CIEのイールズ講演に対する反対運動を端緒とするレッド・パージ反対運動が起こるが、この運動方針にも共産党分裂の影響がみられた。

注

(1)『大学基準協会十年史』一九五七年、一三七―一三八頁
(2) 同前、一三八―一三九頁
(3) 住谷悦治・高桑末秀・小倉襄二『京都地方学生社会運動史』京都府労働経済研究所、一九五三年、二五二頁
(4)「大学理事会案」をめぐる経緯については、羽田貴史「占領下大学管理法案の成立過程」『高等教育研究』第二五集、二〇二二年、一三九―一四〇頁に詳述されている。
(5)「大学法試案要綱」（国立教育政策研究所所蔵「戦後教育資料」ID：EF10000925）
(6)「第八十三回総会議事速記録」『教育刷新委員会　教育刷新審議会会議録』第四巻、岩波書店、一九九六年
(7) 明神勲「占領下日本の大学とレッド・パージ（その2）：W. C. イールズの新潟大学演説の経緯」『北海道教育大学紀要　第一部　C　教育科学編』四七巻一号、一九九六年、平田哲男『レッド・パージの史的究明』新日本出版社、二〇〇二年、大藤修『検証イールズ事件』清文堂、二〇一〇年などがある。
(8) 明神前掲論文（一九九六年）、四六頁
(9) マーク・T・オア著、土持ゲーリー法一訳『占領下日本の教育改革政策』玉川大学出版部、一九九三年、三二二頁
(10) 明神前掲論文（一九九六年）、四七頁
(11) 同前、四五頁

(12) 「赤い教授除外せよ　イールス博士演説　許されぬ学生スト」『朝日新聞』一九四九年七月二〇日朝刊
(13) 明神前掲論文（一九九六年）、五〇頁
(14) 前掲「赤い教授除外せよ　イールス博士演説　許されぬ学生スト」
(15) オア前掲書、三二頁
(16) 「党員は教授に不適　イールズ博士講演　政治上の権利は別」『朝日新聞』一九四九年一一月一二日朝刊
(17) 明神前掲論文（一九九六年）、四五―四六頁
(18) CIE会見録の人名はすべて英語（ローマ字）表記であるが、日本人の人名は、人物が特定できるものについては漢字で表記し、特定できないものについてはカタカナ表記とした。以降の人名についても同様である。
(19) "Student Government Plans in Matsumoto" 27 May 1949. *GHQ/SCAP Records.* CIE(A)02887
(20) "Student Government at Matsumoto Medicine College" 5 July 1949. *GHQ/SCAP Records.* CIE(A)02886
(21) 『信州大学医学部25年史』一九六九年、九六頁。なお、フォックスとは関東地方民事部教育課長R. C. Fox、ハムバードとは長野県民事部教育課長W. H. Humbertであると考えられる。軍政部教育課長一覧については、阿部彰『戦後地方教育制度成立過程の研究』風間書房、一九八三年、三三―三八頁の表を参照のこと。
(22) "Central Committee of the League of Private Universities Student Councils" 29 July 1949. *GHQ/SCAP Records.* CIE(A)02999
(23) "The Role of Student Government" 20 October 1949. *GHQ/SCAP Records.* CIE(A)02886
(24) 「また反全学連の動き　東大新人会ら「総評」結成へ」『学園新聞』一九五〇年七月三日。なお、この東大新人会は、戦前の東京帝大新人会とはまったく別の組織である。
(25) "Plans of the Student General Council" 3 July 1950. *GHQ/SCAP Records.* CIE(A)02884
(26) 一九四七年一二月、共産党は第六回党大会において、共産党東大細胞のリーダーであった渡辺恒雄らが、党の方針に反して「公式極左主義反対、主体の確立」などを綱領に掲げた東大新人会を結成したなどの理由で東大細胞の解散を決議した（「東大細胞の解散について」『アカハタ』一九四八年一月六日）。
(27) 渡辺恒雄「東大細胞解散に関する手記」（『胎動』第一巻第二号、一九四八年）によると、渡辺は四七年一

二月七日に東大細胞に「脱党書」を提出しており、同日開催された東大細胞全体会議で受理されている。また、同会議では渡辺らの除名について議論されたが、細胞内での意見が一致せず、除名は成立しなかった（「東大細胞の解散について」『アカハタ』一九四八年一月六日）。

(28) 渡辺とともに活動し、学生総評の副議長も務めた氏家斉一郎は、「渡辺は極端だからね、除名された後、今度は反共左派を作ったわけですよ。それで全学連に対抗して、なんだっけな、ええと、「全国学生運動協議会」っていうのを作って、別の学生運動を始めようとしたんです」と回想している（氏家斉一郎『昭和という時代を生きて』岩波書店、二〇一二年、一〇一頁）。この「全国学生運動協議会」が学生総評であると考えられる。

(29) 前掲 "Plans of the Student General Council"

(30) "Plans and Policies" 3 August 1950. *GHQ/SCAP Records*. CIE(A)02884

(31) 「東大細胞の解散について」『アカハタ』一九四八年一月六日

(32) 『戦後日本共産党関係資料』不二出版、二〇〇八年、リールNo.4-0575~0576

(33) 同前、リールNo.4-0405

(34) 安東仁兵衛『戦後日本共産党私記』現代の理論社、一九七六年、五七頁

(35) 「日本の情勢について　共産党情報局機関紙掲載の論文」『アカハタ』一九五〇年一月一三日

(36) 「「日本の情勢について」に関する所感」『アカハタ』一九五〇年一月一三日

(37) 「コミンフォルム機関紙の論評に関する決議」『アカハタ』一九五〇年一月二一日

(38) 早稲田大学文学部露文科教授。戦後、学生たちに勧められて共産党に入党し、学生らとともに早大細胞で活動していた（蜷川譲『敗戦直後の祝祭日　回想の松尾隆』藤原書店、一九九八年、一一五―一一六頁）。

(39) 「全学連意見書」『資料　戦後学生運動2』三一書房、一九六九年、一一―二一頁

(40) 「東大細胞、早大第一細胞、全学連書記局細胞の解散に就て」『アカハタ』一九五〇年五月九日

(41) 福家崇洋「１９５０年前後における京大学生運動（上）」『京都大学大学文書館紀要』第一三号、二〇一五年、七頁

(42) 住谷悦治・高桑末秀・小倉襄二『京都地方学生社会運動史』京都府労働経済研究所、一九五三年、二四八頁
(43) 山中明『戦後学生運動史』青木書店、一九六一年、三八頁
(44) 「学内ニュース」『東京大学新聞』一九四七年一二月四日
(45) 「授業料値上げに反対　不払同盟に発展の機運」『東京大学新聞』一九四八年四月二二日
(46) 「京大案を採決し　断乎不払を決議」『学園新聞』一九四八年五月一七日
(47) 山中前掲書、四四頁
(48) 「協議委員会議事録」(京都大学大学文書館所蔵、識別番号:学友会-62) 一九四八年一月二七日付
(49) 同学会は準備会においてこの関西自治連の規約作成を一任されており、また結成式において京都大学が常任委員長校に決定している(「集う大学高専四十八校　関西自治連結成式開く」『学園新聞』一九四八年二月九日)。
(50) 「集う大学高専四十八校　関西自治連結成式開く」『学園新聞』一九四八年二月九日
(51) 「関西自治連　理事会案反対を決議」『学園新聞』一九四八年五月三日
(52) 『資料　戦後学生運動』別巻、三一書房、一九七〇年、二四頁
(53) 山中前掲書、四三—四四頁
(54) 住谷・高桑・小倉前掲書、二五一—二五二頁
(55) 「関西自治連　理事会案反対を決議」『学園新聞』一九四八年五月三日
(56) 「全国国立大学学生自治会連盟代表者会議議事録」『資料　戦後学生運動1』三一書房、一九六八年、二三三頁
(57) 国学連・高専連合を発展解消して作られた組織。一九四八年七月五日の第一回総会後に開かれた全国自治会代表者会議において、「全学連」結成準備会が組織された(三一書房編集部『資料　戦後学生運動1』一九六八年、二七四頁)。
(58) 山中前掲書、五〇頁

(59) 住谷・高桑・小倉前掲書、二五三頁
(60) 「私学総連結成近し」『東京大学新聞』一九四八年七月八日
(61) 私学連結成の経緯については、『立命館百年史』通史二、二〇〇六年、三四〇―三四三頁に詳述されている。
(62) "Government of National Universities" 1 July 1948. *GHQ/SCAP Records*. CIE(D)00202
(63) 「理事会案一部修正　学生代表イールズ氏に聞く」『東京大学新聞』一九四八年七月八日
(64) 「大学法学生案要綱」『資料　戦後学生運動1』三一書房、一九六八年、三五六―三五八頁
(65) 「全学連第一回臨時大会スローガン」『資料　戦後学生運動1』三一書房、一九六八年、三九三―三九四頁
(66) 安東前掲書、五六頁
(67) 「〝教育を破壊するな〟大学法案反対教育復興国民大会開く」『東京大学学生新聞』一九四九年三月二八日
(68) 「大学法反対全国ゼネスト」『資料　戦後学生運動1』三一書房、一九六八年、四一九―四二一頁
(69) 明神勲「占領下日本の大学とレッド・パージ（その3）：いわゆる〝イールズ旋風〟について」『北海道教育大学紀要　第一部　C　教育科学編』四七巻二号、一九九七年、三七頁
(70) 「ルポ・東北大学事件」『資料　戦後学生運動2』三一書房、一九六九年、九九頁
(71) 大藤修『検証イールズ事件』清文堂、二〇一〇年、一〇一―一〇四頁
(72) 同前、一一六頁
(73) 明神勲「占領下日本の大学とレッド・パージ（その1）：北大イールズ事件の実証的研究」『北海道教育大学紀要　第一部　C　教育科学編』四五巻一号、一九九四年、一八頁
(74) 明神前掲論文（一九九四年）、二〇頁
(75) 同前、二一―二四頁
(76) 岡田裕之「イールズ闘争とレッド・パージ反対闘争：1950年前後の学生運動、回顧と分析」『大原社会問題研究所雑誌』六五一巻、二〇一三年、二八頁
(77) 「焦る中央に地方は慎重　全国スト決議までの波乱」『東京大学学生新聞』一九五〇年五月二五日
(78) 岡田前掲論文、二七頁

第四章

東京（帝国）大学における学生自治会結成とその活動

第一節　全学会の解体から全学学生自治会の設立

一九四五年九月の「校友会新発足ニ関スル件」を受けて、各大学では学校報国団組織の解体に取りかかった。東京（帝国）大学（以下、東大）[1]においても、当時の総長であり全学会の会長でもある内田祥三のもと、各学部長らを構成員とする全学会改組委員会によって議論が進められた。その結果、四六年三月に全学会は解散し、全学会の下部組織となっていた各学部会は自主的活動を行うことになった。

本節においては、一九四五年一二月まで東大総長を務めた内田祥三が残した資料群「内田祥三関係資料」（東京大学文書館所蔵）や『大学新聞』の記事などをもとに、東大全学会解体と各学部会再建の動きについて見ていく。

（一）全学会の解体

第二章第一節（一）で述べたとおり、文部省は一九四五年九月二六日、「校友会新発足ニ関スル件」（発専一三〇号）という通牒を地方長官宛に発し、戦時中、教職員・学生の統制組織であった学校報国団を校友会に編成し直すよう指示した。これを受けて各大学では学校報国団組織の解体に取りかかった。東大においても、当時の総長であり全学会の会長でもある内田のもと、各学部長、佐々木道雄（経済学部教授）、菊井維大（法学部教授）を構成員とする全学会改組委員会によって、全学会改組が進められていく。「内田祥三関係資料」によると、その一連の流れは以下のとおりである。

九月二九日　全学会中央審議会　改組委員会ヲ設ケ作案ニ決定

一〇月二〇日　全学会改組委員会　八学部長、佐々木道、菊井両教授ヲ委員トシ開会。協議セシ所全員一致（菊井氏ハ欠）此際全学会ハ解体シ教養部ノ仕事ハ各学部会ニ、厚生部ノ仕事ハ大体学生部ニテ取リ行ヒ別ニ全学的ノモノトシテ運動関係ノ会ヲ設クルヲ可トスルコトトナル所ガ本件実施ニ付テハソノ後始末ニ付色々ト考慮スベキ事アルヲ思ヒソノ実際ノ仕事ニ当ッテ貰フベキ今井中央事業部長、末弘勤労部長、東鍛練部長、菊井事務課長、佐々木前事務課長ニ出席ヲ求メ

一〇月二六日　協議会ヲ開キテ協議セシ所、ソノ跡《(ママ)》始末実際ノ運行等ニ付色々ノ不便アルコトヲ発見セルニ付中央審議会ニ小委員会案ヲ報告スルイゼンニ関係者会同懇談シテ各方面ニ部会ヲ置キ帰結ヲ得、本日御集リヲ乞ヒタル次第ニテ全員同資格ニ於テキタンナキ御懇談ヲ集フ旨ヲ述ブ末弘、今井、佐々木、舞出、菊井、南原各氏ヨリ夫々相当活発ナル意見ノ開陳アリ今井氏ガ全然解散ヲ不可トスル意見ヲ述ベ四時半頃退席サレシモ末弘、南原両氏ノ間ニ比較的意見ノ接近ヲミ、菊井氏ノ手元ニ於テ具体的ニ作業シ（必要アレバ佐々木氏トモ協議）今一回此ノ懇談会ヲ開クコト[2]

以上をみると、「改組」という言葉は出てきているものの、すでに一〇月二〇日の改組委員会の時点から全学会を解体することで全員一致し、全学会の活動のうち、教養部の仕事は各学部会に、厚生部の仕事は学生部において取り扱うこととし、運動関係の会は別に全学的なものとして設立するという基本的合意がなされてい

る。これについて改組委員の一人であった佐々木は後の回想で以下のように語っている。

私はかつての東大学友会（大正九年設立）がこれに参加した運動競技各部と文化各部との間の摩擦から円滑に運営出来なくなり遂に運動競技各部が連袂脱退して新しく東大運動会を設立し（昭和三年二月一日）、これが原因で東大学友会が解散することになったイキサツを屢々聞かされていたのでいま全学会が組織替えして新学友会となっても何時かは旧学友会の二の舞を演ずる事になるのでは無いかと考えたので解散説を強く支持した。(3)

その後前掲資料にあるように、菊井のもと改革案が作成され承認されている。その菊井原案をもとに各学部学生代表が討議した結果、全学会は翌一九四六年三月三一日をもって解散する運びとなり、戦時中全学会に従属するかたちで存在していた各学部会は独立し、自主的に活動を行うこととなった。

（二）学部会の再建と全学学生自治会結成への模索

戦後再建された学部会の中には、早い段階から自治組織化を目指したものや、教授、助教授、講師・助手・副手、学生の代表によって協議会を作り、学部運営に反映させていこうとしたものなどがあった。一九四五年一一月の学生大会を契機に急激に自治組織化した経済学部経友会、四六年より教授会、学友会、以文会（助手、副手、研究生の団体）の三者で学部運営に関して意見交換を行った文学部学友会・学生自治会がそれにあたる。

本節においては、経済学部経友会、文学部学友会・学生自治会を取り上げ、それらの活動や自治組織化の様子、およびそれらと日本共産党学生細胞との関係について述べていく。

全学会の解体によって、自主自立を求められるようになった各学部会であったが、当時の状況はどのようなものであっただろうか。学部会は戦前から存在している学部単位の教職員・学生・卒業生の親睦組織であり、おもに文化・運動などの活動を行っていたが、ここにおいて自治会的活動も期待されるようになってきた。

『大学新聞』は当時の各学部会の状況について、「生気のない緑会学生委員の意見、改革案を参考に新しく商業法や世界政治の講座が設置され、必須科目や選択科目の数に二、三の異動があった、復員による過剰学生を早急に送り出すための臨時措置が「欽定的に」とられた、而も学生は緑会委員を無能よばり（ママ）しながら隣の経済学部の動きを見ながら具体的に積極的な学園民主化の実行に邁進しなかった」（法学部）、「学生大会を開いても趣旨徹底せず、新委員の選出により活発な学友会活動を開始しようとした一時の気運もその後休暇とともに消え去った感が深く学生の意見も学部運営に反映させると言明した戸田学部長の期待にそふべく学生は幼稚過ぎて、史・哲・文の新学科課程編成にも学生の意向はどの程度積極的に反映されたか問題である」（文学部）など批判的に述べている。[4] しかし以上のような状況が批判的に述べられていること自体、学部会の自治組織化への期待がこめられているといっていいだろう。またこの記事中に見られるように、学部会を通じて学部学生の意見を聴取し、学部運営や講座の新設などを行う動きも見られた。以下、経済学部・文学部を例に各学部会再建にかかわる動きを見ていきたい。

①経済学部学部会・経友会の動き

戦後、もっとも早く自治組織としての活動を開始したのが、経済学部の学部会・経友会である。経友会は、ほかの学部会と同様、教職員・学生・卒業生の親睦団体であり、会長は学部長、副会長は教授、各部長および各部委員中二名以上は教官という構成であった。[5] しかしまだ戦後まもない一九四五年一一月一六日に開かれた経友会学生大会を契機に、急激に自治組織化されていくことになる。その経過について、四四年から四六年まで経友会委員を務めた大塚斌は以下のように回想している。

二十年十一月六日、舞出学部長によって新聞記者団に「ポツダム宣言による、いわゆる軍国主義的教授の退陣、大内教授以下七教授の復職」が経済学部教授会で自主的に行われたと発表された。（中略）之より先、十月末には戦争直後の空白の中にあって、急進派の井出洋君たちから私たち経友会学生委員に「何故学部の改革が行われぬか、学生大会を開いて、学部教授陣の改革を提案すべし」との申出があった。当時の学生委員であった原正善君と私とが舞出学部長に学生大会の可否を求めた処、「物事をするに時が如何に重要な要素であるか考えて貰いたい。十一月中旬まで学生大会を延期して呉れないか。」とのお話であった。教授間に自主的改革の気配あるを窺い知ることのできた私たち委員は、急進派の諸君を納得させて学生大会を延期した。（中略）

十一月十六日に第一回「経友会学生大会」を原委員と私の責任で開催、一ヶ年間の事業報告並びにその反省、戦時中からの「全学会」の一環をなす経友会機構の欠陥を示し、自主的性格の強い学部会に改組すべしと私から提案した。之に対して、急進派の諸君から「経友会自体の問題は、すなわち学部会全体の問題である。学部改革を要求する。」との提案があり、井出洋君を議長とする「経済学部学生大会」（第一回）にその場で切替った。(6)

この引用中に出てくる井出洋は、共産党細胞員である。彼らの主導により開かれた「経済学部学生大会」では、「一、学部刷新に関する舞出部長の方針を支持してその徹底を期す」「二、学生自治組織としての経友会を再建し、公選せられたる学生委員の学校行政への全面的参加を要求す」など四項目が決議され、(7)それらを具体化するため、以下のような「改革試案」が作成された。

改革試案

経友会改革委員

一、経済学部

㈠、学生ノ自治組織トシテノ経友会ノ再建。

㈡、学生委員ノ公選（立候補、投票）。

㈢、経友会ノ組織ハ総務部・教養部・運動部トス。総務部委員ハ学生代表トシテ教授会ニ出席ス。業務分担ハ委員間ノ互選ニヨル。

㈣、学年制廃止・単位数ノ減少。

㈤、必須科目ノ減少・演習制度ノ強化。

㈥、教授科目ニ学生与論ノ反映。

㈦、研究室ノ開放。

二、全学的問題

㈠、総長公選（註、学生が投票して決める意味）

㈡、全学会ノ改組・学生自治機関化。

㈢、学生課業務ヲ全学会ノ管理下ニ。

㈣、言論・研究・集会・結社・掲示ノ制限撤廃。

㈤、図書館運営ヘノ学生参加。
㈥、教職員ノ待遇改善。
三、学生生活問題
㈠、消費組合ノ設置。
㈡、学生食堂ノ拡充。
㈢、寮及ビ官舎ノ設置、大邸宅ノ開放。
㈣、育英制度ノ改革、特ニ在外同胞子弟ノ救済。
四、全学学生大会ヲ速ニ開催セヨ。[8]

その後一九四五年一一月二二日に開催された第二回学生大会において、前記改革試案について具体案審議が行われた。項目中、一㈢の学生代表の教授会参加の問題について、「一部学生から師弟関係を強調して之に反対の異論が出熱烈な討議が交わされたが結局第三案として教授学生からなる協議会を設置すべしとの提案もされたがその前提として取り敢えず教授会に学生代表の参加を実現する要ありとする意見が出、圧倒的な学生多数の支持を得て可決をみた」[9]と述べられており、改革試案はおおむね学生の支持を得られたようである。

この改革試案のほか、一二月四日には大塚ら経友会学生委員の手により「経友会規則（試案）」が作成された。これによると、「経済学部発展ニ会員ノ総意ヲ反映セシムル」ため、(1)会長は学部長、評議員は教官互選、総務・教養・体育各部の委員は学生間の公選とする、(2)「協議会」を設け、「職員・学生間ノ意志ノ疎通ヲ計リ、且ツ経済学部運営ニ関スル事項ニ付、意見ヲ学部長ニ建議スルコトヲ得」とされていた。[10]同月五、一〇、一二日に委員たちは両案を持って学部長・教官のもとを訪れ意見を求めた。その時の様子を、井出とともに経友会改革に着手した佐原洋は、以下のように回想している。

この頃の経友会の委員諸君は保守的な考えの人が多くて、井出氏と図って「経友会革新委員会」（正確な記憶がないのですが）のようなものをつくり、学生大会を開きました。何かいろいろ勇ましいことを決議したのですが、内容は「大学総長の選挙に学生も参加」というものだけを覚えています。ところが、その決議を持って舞出長五郎学部長のところへ持って行ったら、ケンもホロロに拒否。ところが拒否された後にどうしてよいかわからず、尻切れトンボとなってしまいました。(11)

以上のように、結局この学生による総長公選・学部行政参加の案は学部長などから拒否され、実現にはいたらなかったようである。しかし、一二月一三日には学部長・教官・経友会学生委員・左右両派学生有志により学部問題の懇談会が開催されるなど、教官と学生の討議が何度となく繰り返され、経友会改革が進められた。そして翌一九四六年には、「経友会は四月上旬、各学部の先頭をきって、立候補制による民主的選挙で、一四名の新委員を選出、新学期に入って早速活動を開始」するまでにいたっている。(12) やや保守色の強かった当時の経友会が、これだけ短期間に改革された背景には、井出ら共産党細胞所属の委員達の動きがあったのである。

②文学部学友会・学生自治会の動き

前述のように、経済学部においては共産党細胞所属の委員達の働きかけも虚しく、学部行政への学生参加は実現しなかった。しかし文学部においては、一九四六年から教授会、学友会、以文会の三者で学部運営に関して意見交換を行う動きがみられた。

文学部においては、一九四六年七月に学友会改編の動きが起こったが、その際旧委員および有志学生によって「学制改革審議会」が設けられた。これが後の「連絡協議会（委員会）」の礎をつくることになる（表1記事①）。

表1　文学部学友会・学生自治会関係記事（『帝国大学新聞』）

	年月日	記事タイトル	内　容
①	46.7.2	文学部　学制改革審議会設く	「学制の改革を審議し学部長の学生の意向を反映させたいとの意にも沿ふべく新発足を見ることになった」
②	46.8.13	文・九月に学生大会　学制審議会活発化す	連絡協議会案は「今年初頭来、以文会に於て研究され、一度学部長のもとに具申してそのままになっていたものを今回学生の立場から学友会が再びとり上げたもの」
③	46.12.11	連絡協議会案教授会を通る　教授会“賛成です”	学生大会は「満場一致で可決」、教授会は「設立の趣旨を汲んで異議なく学生側原案は通過」
④	47.1.1	自治組織の確立へ　学部会のあしあと	「連絡協議会案が新委員の手から教授会に提出され学部長も一応この案を認め、世論調査、自治組織の確立へとの動きは活発である」
⑤	47.1.15	近く文・学生大会開く	「休暇前世論調査を行いその結果に基く学生の意向を連絡協議会に提案するため」
⑥	47.1.29	適格審査　小委員会を構成	教員適格審査の問題に関して、学生有志で小委員会を構成し、その結果を連絡協議会に提出することに。
⑦	47.2.19	文・学生ホール開設	以文会室を学生ホールとして開放。
⑧	47.3.5	学制も徹底的批判　文・連絡委員会の成果	※ 137-138 頁引用文参照。
⑨	47.3.12	論説　文・委員会の成果	「一、学生の手による積極的な学部行政への参加。二、新しい学部会の典型の一つ」という意味で注目に値する。
⑩	47.4.9	文学部「一年制」に復帰	「昭和二十二年度文学部講義は、学生側の意向も入れられ臨時的な半ヶ年制をやめて一年制となった」
⑪	47.4.16	文・学友会　特別講座開設	「ヘーゲル論理学の研究」「日本古代世界の没落」「昭和文学史」。週二時間半年完結。
⑫	47.6.5	歎願書を提出　三学科制問題	二年に進級する際、希望学科に入れなかった者を希望通りになるよう。
⑬	47.6.12	注目される教授会の回答　文学部歎願書の反響	文学部長談：「各学科の収容に限度」。新学制への移行の関係上「本年度と来年度とは現行制度のまま」としたい。
⑭	47.6.19	歎願書容れらる　文学部十二名が志望科へ	「十二名の学生が希望学科へ配属」「学生の総意が助手連の助力を得て教授会を通った」

①②の記事をみると、「連絡協議会」が学生の要望だけではなく、以文会や学部長（戸田貞三）の意向に基づいているものだということがわかる。その後この「連絡協議会」案は一二月の学生大会で可決され、教授会

も通過し実現へと向かう。③の記事には学生大会における決議文、および教授会での様子が記されている。またこの教授会において、協議会教授会代表として、辰野隆（仏文学）、出隆（哲学）、岸本英夫（宗教学）、中村元（印度哲学）、手塚富雄（独文学）の五人の教授・助教授が選出されている。

その後「連絡協議会」は「連絡委員会」と名称を改め、講師の人選、教授の適格審査、学生ホールの設置など多岐にわたる事項について、教授会、学友会、以文会の三者で意見交換を行い、以下のような成果をあげている。

一、現在は四月入学と十月入学が重なっているため、四時間半年で一単位とされていたが、その不便を指摘したため、四月の新学期からは、週二時間一年制に復帰する（之は教授側も不便なことを痛感していた処で、学生側から提案されると教授会は満場一致で可決した）

二、兵役のため休学をよぎなくされ、しかもわずかの時日のために卒業が半年乃至一年延びることは現下の経済状態から許されないとの見解の下に、その期間が六ヶ月未満の者に限り、繰上卒業が認められる（例えば一年二ヶ月在隊という例も、あとの二ヶ月は控除される）。之は直ちに実行に移され、国史学科N君はこの条項の適用により本来三《ママ》月卒業ができるようになった。

三、昨年度入学生から従来の十七学科が改められ、三学科制となったが、之は制度の改悪以外の何物でもないことが学生委員から鋭く指摘され、殊に補助必須単位については厳重な批判が要請された。その結果、この悪制度撤廃迄の暫定措置として固定必須単位を他の講義で代用し得ることとなった。しかも従来成績のものを教授の咨意で行われていたのを、今後は五月中旬迄に学生の希望を委員会が取上げ、連絡委員会を通じて行う。

（中略）

六、四月から学友会の手で学生の希望する講師を招聘して「特別講座」を設置する。現在の処之は半年一期、各五人をよぶ筈で、学生は三月七日迄に希望講師を委員迄申出るよう要望している。講義の概要は次の如くである（哲学系、史学系、文学系各一、ロシヤ文学講座、現代史講座各一の予定）

七、「学生ホールの設置」（既報）[13]

前掲のうち、一・六・七については前表の⑩・⑪・⑦の記事において実現されたことが確認できた。また二についても、具体的な内容は少し変化したようだが、学生の要求が通ったようである。[14] 三の三学科制[15]については、制度自体は新制東京大学発足の四九年まで続くのだが、⑫—⑭の記事にあるように、学生の歎願によって希望学科（専修科）に進むことができるようになった。この会についての記事をみると、連絡委員会が教授・助教授・講師・助手・学生のそれぞれの要望によってつくられ、委員会における審議においてもそれぞれが意見交換をしあって、学制の改革が進められていることが読みとれる。

以上のように、文学部において教職員・学生が一体となって学部改革に当たった背景としては、当時文学部には教職員にも学生にも共産党員が多数いたことが考えられる。時期はややずれるが、一九四八年入学の小島晋治は学生細胞員について、「文学部細胞には、四八、九年から五一、二年にかけて六十何人くらいメンバーがいた。非常に大きなもので、党員がいなかったのは学生が非常に少ない印度哲学だけでした。一番多かったのは歴史だったように思います」と述べている。[16] この中には当時の東大共産党細胞員のリーダー格であり、四八年に全学連初代中央委員長に就任する武井昭夫がおり、彼もまた教授・職員・学生の三者による「大学の自治」を目指していた。武井は当時考えていた「大学の自治」について、以下のように述べている。

当時、われわれが考えていた〝大学の自治〟とか〝学問の自由〟とかは次のようなものでした。大学とは学生と教授と職員という三つの要素から成り立っているもので、教授会の自治だけでは学問の独立・自由は成り立たないし、外からの侵害からも守ることもできない。大学の三つの構成員がそれぞれ相互の自治を尊重し、協力しあってはじめて〝大学自治〟は成り立つ。(17)

また教職員については「文学部の先生のうち「赤旗」を配ったのは中野好夫、出隆、森有正、アメリカ文学の西川正雄の諸先生でした。（中略）大学法反対闘争で非常に印象に残っているのは、あの頃学生大会に教師も出てきて意見を文学部では言った」と述べている。(18)以上のような事情から、文学部においては教職員・学生一体の改革を行うことができたのではないかと考えられる。

文学部学友会はその後、「全学の中で最も早く一九四七年十二月八日に学生自治会として改組し」、その中には「L班（文学部共産党細胞—筆者注）のメンバーとして自治会の活動に加わった」者もいた。(19)また一九四八年春の時点では、「名称こそ戦前からの親睦組織を継承していたものの、既に規約にもとづき学生から徴収される会費によって運営される自治組織の形態を整えて」おり、「当時二十名前後の委員の殆どが共産党細胞か、新人会と称する渡辺（渡辺恒雄—筆者注）グループのフラクションであ」り、「他学部の自治会も殆ど同様の状態であったと察知される」という状態だったようである。(20)

以上みてきたように、一九四五年から四七年にかけて、各学部において学部会改革の動きが起こり、その中で共産党細胞の勢力は徐々に増していった。そしてその勢力は、学部（自治）会だけでなく、全学自治会にも及んでいったのである。

(三) 全学学生自治会の設立

一九四六年三月の全学会解体後、学部会連合会が各学部会の連絡・調整を行っていた。しかし、学部会が自治組織化するにつれ、全学的な問題に対応するための全学自治会が求められるようになった。四六年一二月一八日、学部会連合会定例総会において、学生委員会(仮称)案は討議の結果可決し、連絡機関としての学連は発展的解消をとげ、実質的な全学自治機関として新発足することとなった[21]。

しかしこの「原案によれば学委会の成立には法・医・工の学部会の自治組織化を前提とするわけであり、この点に関しては緑会も改組の機運をみせているが、緑会としては総会の議決に関しては拒否権の保留を主張している」と、いまだ自治組織化の動きがなかった法学部緑会から反対意見が出された。これに対して「経友会、文・学友会はあくまでも全学デモクラシーの原則から強固に原案を支持し」、彼らの意見がほぼ通るかたちで翌一九四七年一月二二日、学部会連合会最後の総会が開かれ、学生委員会規約が可決された[22]。ここにおいても、文・経の両学部がイニシアティブを取っていたのである。

これについては、「日本占領関係資料」にも記録がある。CIE会見録によれば、一九四七年一月一六日、経済学部経友会の学生委員長である長島良一がダージンと面談を行っている。長島が学生の間で議論となっている二つの問題についてダージンにアドバイスを求めていることから、学生側からの要望で設定された面談であると考えられる。ここで議題に上がったのは、(1)多くの学生が復職を望む土屋喬雄経済学部教授の問題[23]、および(2)学生は大学の自治のどの部分を担うべきかという問題であった。これらの問題に対しダージンは、(1)学生自治会の意見によって解決されるものというより、事実に基づいて対処されるべきものであること、(2)学校行政の事項と学生自治会が対処すべき課外活動との違いを回答として述べている。また(2)においては学部自治会の連合組織（学部会連合会）と教授会代表との関係について議論が及んでいるが、これに対しダージンは、「教授が指名した委員によって構成される公式の組織を持つことは、問題を避けたり、あるいは学生と教授陣との正面衝突をもたらしたりすることになる。そして、特に学生に関心を持ち、学生からも受け入れられ、招かれるような幾人かの教授たちが長期、かつ非公式な形で代表を務めることは、学生生活の福祉と興味関心に関連する問題について、学生から現れた意見と教授および学校管理者との間をより効果的につなぐことになる」と助言している(24)。

一九四七年二月二一日には、一月二二日に原案が成立した東大学生委員会の規約について議論するため、長島が再びダージンのもとを訪れた。これに対しダージンは、「連合組織（学生委員会—筆者注）と教授陣との間の関係性について、はなはだあいまいなものに見える。学生たちは、何人かの教授の代表者と多かれ少なかれ公式的に議論し、交渉できることを望んでいるように見える」(25)と言及した。学生委員会規約には「教職員の中より委員会の委嘱するもの」としての評議員の規定があり（第五条）、評議員・委員を以て構成する評議員会が学生委員会の諮問機関となっていた（第八条）(26)。上記の言及はこの規定に対するものとみられる。

教授陣との関係について、ＣＩＥ側も教授代表と学生代表が懇談の機会をもつことを奨励してはいるものの、それは会見録にみられるように、「非公式」かつ「学生生活の福祉と興味関心に関連する問題」に限られていた。前述のとおり、東大の学生たちは公選された学生委員が学校行政に参加することを望んでいたのであり、ダージンの発言はその動きに対する牽制であったと考えられる。

こうしてできた学生委員会であったが、その後、⑴学生大衆から浮き上がって正しくその意志を反映しない、⑵中央の機関である学生委員会が学部自治会、文化会協組などに対し統制力を持たないという批判を受け、その年の秋には全学学生自治会へと改組されることになった。『帝国大学新聞』によると、おもな変更点は以下のとおりである。

（一）学生委員会、各学部会を含めて東大学生自治会と名付ける
（二）学生委員会は中央委員会と改名し委員は各学部より三名ずつとする
（三）中央常任委員会に九名の委員をおき、各学部より一名ずつ推薦する
（四）中央常任委員会の下に厚生保健、財政、学風振興の専門委員会をおき、別に事務部をおく[27]

これをみると、各学部代表の委員が二人から三人に増えており、学生委員会時代より学部会との関係が強化されているようにみえる。これによって、全学学生自治会―各学部（自治）会という上意下達式の組織ができあがり、全学的な意思統一が可能になった。

以上みてきたように、全学会解体後、学部会連合会が各学部会の連絡・調整を行っていた。しかし、学部会が自治組織化するにつれ、全学的な問題に対応するための全学自治会が求められるようになった。一九四六年一二月一八日、学部会連合会定例総会において、学生委員会（仮称）案は討議の結果可決し、連絡機関としての学部会連合会は発展的解消をとげ、実質的な全学自治機関として新発足することとなった。学生委員会は四七年全学学生自治会へと改組され、これによって、全学学生自治会―各学部（自治）会という上意下達式の組織ができあがり、全学的な意思統一が可能となったのである。

第二節　教育復興闘争から全学連結成

(一) 共産党東大細胞の再結成

以上のような経緯から結成された全学学生自治会であるが、ここにおいても東大細胞のメンバー、とくに文系の学生が主導権を握っていたようである。その様子を、当時農学部自治委員会に所属していた梶原武は以下のように証言している。

農学部自治委員会は東大中央自治委員会の方針や指示を受けて活動をしていた。これは取りも直さず、共産党東大学生細胞の中心的メンバーからの指示が中央自治委員会を通って農学部自治委員会におろされてくるということであった。東大学生細胞の中心的メンバーは主に法文系の学生で、細胞にしろ自治会にしろ活動の方針や指示は、理科系学生の日常行動のパターンに馴染まない場合が多かった。[28]

しかし共産党は、第三章第一節（三）でもふれたように、一九四七年一二月の第六回党大会において、共産党東大細胞のリーダーであった渡辺恒雄らが、党の方針に反して「公式極左主義反対、主体の確立」などを綱領に掲げた東大新人会を結成したなどの理由で東大細胞の解散を決議した[29]。この背景には、第三章第二節で述べたような、共産党の学生運動への指導方針の転換がある。そのような共産党の指導方針の転換の中、東大細胞は翌一九四八年一月三一日に再建され、四月には学内公認団体となった。公認団体となるにあたって、東大細胞は次のような事業内容を掲げている。

一、学園の民主化――自治会強化、授業試験制度の合理化その他
二、学生生活のよう護――授業料、運賃、内職問題、学問の自由よう護
三、学生の手による教育復興――地方委議の問題その他教育復興問題
四、文化革命の遂行――学内文化研究会の発展、講演会、討論会その他啓蒙運動の活発化[30]

この時、再建された東大細胞のメンバーであった沖浦和光は「授業料値上げ反対運動から更に不払同盟へと発展させる。ぼくらはこれを機会に、具体的な問題をとらえ益々献身的な努力をするつもりだ」と述べている[31]。この後、東大自治会も本節（二）で述べるように授業料値上げ反対の声明書を発表している。このことからも、東大学生自治会と東大細胞は連動して運動を行っていたことが明らかである。

以上のような自治会と細胞の動きに対し、内部からも反対運動が起こった。一九四八年五月、東大自治会・文化会などの有志は、文学部「学友会、経友会及び自治会中央委員会の中に共産党員が多いため、授業料反対運動などが政治的にゆきすぎ「自治」の理想が失われているとして、自治擁護連盟を結成」した[32]。この自治擁護連盟には学内の文化会一九団体が参加したと言われているが、文学部学友会・経済学部経友会の反論を受け、大きな運動となることなく終わった[33]。その後も東大学生自治会は、文学部・経済学部の共産党細胞員を

中心に、授業料値上げ反対運動やそれに端を発する教育復興闘争をリードしていくのである。

（二）教育復興闘争と全学連の結成

第三章第三節で述べたとおり、一九四八年には授業料値上げ反対運動に加えて、大学理事会案反対運動も起こり、それが全国的な教育復興闘争へと発展していく。またそれらの運動を通じて学外の学生自治会連合組織も次々と結成されるようになり、他大学の自治会と連携して運動を行うようになった。その結果、同年九月には全学連が結成されるが、その中心メンバーは東大細胞の学生党員たちであった。以下、教育復興闘争における東大自治会の動向と、全学連における東大の位置についてみていく。

まず授業料値上げ反対運動について、東大自治会中央委員会においては一九四八年四月二一日に授業料問題に関する世論調査を行った。その結果、授業料が六〇〇円から一、八〇〇円に値上げされた場合、東大生の八四・一％が納入に耐えられず、「不払態勢により阻止すべきか」という質問に八二・八％が賛成するという状況が明らかとなった[34]。これを受けて二三日に中央委員会は声明書を発表して授業料値上げ反対の意思を明らかにし、「全東大生に対し中央委員会および各学部会の指示あるまで授業料、入学金の納入を延期するよう要望」した[35]。

その後、東大自治会委員は国学連代表として文部省と四回の交渉を行ったが、進展はみられなかった。そこで五月二一日、東大自治会は授業料問題に関する決起大会を開催し、教育復興宣言を決議した。『東京大学新聞』によると、その要旨は下記のとおりである。

吾々の周囲でも多数の学生が「働きつゝ学ぶ」こともできなくなり脱落しつつあるにも拘らず政府は一般

物価の上昇と私学との不均衡を唯一の理由として授業料値上げ案を発表した。吾々は七十六の大学高専ともに値上反対の交渉をすゝめたが、文部省はわずかな育英資金の増額を理由に吾らの切実な要求をふみにじり「不納学生を除籍する」と威かくして交渉打切りを通告して来た。吾々学生は真の祖国再建のために、不当な文教政策に反対し断乎不払態勢を拡大強化せんとするものである。[36]

ここにおいて、明確に不払態勢の強化を宣言した東大自治会は六月、次のような声明を出し、国立大学高専自治会連盟の決議に従い、教育復興闘争の貫徹のため同盟休校（ストライキ）に入ることを宣言した。

東大自治会中央委員会は全国的にもり上がっている教育復興運動の重要性を確認し、学問の自由と教育の機会均等を自らの手で守るために、各学部毎に同盟休校・その他の有力な方法によって全国学生諸君とともにこの運動貫徹のためにあくまで努力することを決議する。[37]

上記声明のとおり、同盟休校を行うか否かは各学部自治会の判断に任されており、文学部・経済学部・農学部・附属医学専門部が同盟休校断行、法学部・第一工学部・第二工学部・医学部・理学部は反対ないし態度保留ということになった。[38]

こうして六月二三日から二六日まで文・経・農学部、および医学専門部は同盟休校を行ったが、値上げが撤回されることはなく、九月に入り、大学側は授業料の分納・延納を認めて納入掲示を出した。これに対して自治会中央委員会は一〇日に南原繁総長と会見し、「授業料値上げあくまで反対、納入の全員一年間延長等」を申し入れたが、総長は「値上げ反対は自由だが不払いは良くない」と回答した。[39] その後大学側は一五日付で

「値上げは決定ずみであり、「従来の不払態勢を堅持」することは不穏当である」という趣旨の告示を出した(40)。

また、一八日から開催された全学連結成大会において、当初経済学部の教室を使用予定であったが、「学園の中に政治闘争をまき起すような集会には部屋を貸さない」という理由で舞出長五郎学部長から拒否された(41)。これに対し、自治会中央委員会は政治運動の弾圧であるとして、一〇月一日に学生大会を開催して対応を協議することとなった。それに先立ち、九月二八日には総長・学部長らと学生委員との話し合い（内容は次項で詳述）がなされたものの(42)、一〇月一日には法・文・経済・農学部を中心に約五〇〇名の学生が参加して全学学生大会が開催され、以下の七項目が決議された。

一　舞出学部長および経済学部教授会の責任を追求し、即時明確な態度を表明せよ
一　学生の集会掲示言論の完全なる自治権を学生に与えよ
一　学生自治会に学生新聞の発行権編集権を与えよ、又現在の大学新聞に対する干渉から手をひけ
一　新制大学審議の一切を公開し審議機関に教職員学生の参加を認めよ
一　十月五日の教育委員選挙当日を休日とせよ
一　全学連書記局に室を与えよ
一　学寮建設に際しては学生の意見を反映し、学生の最大利益を計れ(43)

このうち学生新聞と新制大学審議については、一一日に自治会中央委員と南原総長との会見が行われ、委員からは「（一）学生新聞用紙再配分措置に伴う東大学生新聞への割当分は中央委員会が受配するのが適当であるから推薦してもらいたい、（二）東大の新制大学審議、とくに人事を一般に公開されたい」との二件につい

て総長に要求したが、総長は「（一）についてはなお研究の余地がある、（二）は認められない」と回答した。[44]

（三）学生運動に対する教職員の対応

以上のように、一九四八年に入って急激に拡大した学生運動であるが、南原総長をはじめ東大の教員たちは学生運動をどのようにみて、どのような対応をしたのか。以下、『東京大学新聞』の記事から教職員の動きについてみていく。

まず教育復興闘争における対応であるが、同盟休校に先立ち、一九四八年六月一八日に自治会中央委員と南原総長との会談が行われたが、その席上、南原総長は「多数の要求項目の中に、研究不十分のものが処々に見受けられるし、この項目が通らない場合ストをやるというのは穏当をかく。学生が政治運動をやるのは社会に出てからの実習の意味で結構だが、それには越えられぬ一線がある。この一線を越えぬ限り必要とあらば、私も君等の先頭に立つ」と述べ[45]、学生の政治運動に一定の理解を示しつつも、同盟休校という手段に対し難色を示した。

では、ほかの教員はどのような反応を示したのであろうか。一九四八年七月一日付の『東京大学新聞』には学内の九名の教員の意見が掲載されている。それをみると、「学問の自由とその権威とを、金力と権力にうりわたし、愛する大学が、人民からはなれて、没落しようとするのを、たゞみおくり、真剣にたちあがったわれわれの学生に、うしろから冷水をあびせるような言動をしてよいであろうか」（理学部・宮村）という好意的な意見や、「むろん反対である。ストライクそのものが必らずしも学生の本分に背くとも思わぬが、今度のストライクは愚劣である」（文学部・中野）と真っ向から反対する意見もあるが、「学生大会で世話人が今までの両方の意見を忠実に紹介して、正確な判断のきそを□えるようにすべきだ」（第二工学部・瀬藤）、「この問題について、もっと教授・学生・職員全体が一致してやるべきだったが、これができなかったのは残念である」（第二工学部・平田）など[46]、運動の趣旨には賛成しつつも、手段の面で反対している意見が多い。運動の主題が教育復興や大学理事会案にあることから、教員も学生たちの運動に一定の理解を示していたようである。

一九四八年九月の全学連結成大会において教室の利用を大学側が認めなかった件について、二八日に総長・学部長と自治会中央委員との懇談会がもたれたが、その中で我妻栄法学部長は学生ストライキについて「同盟休校もいろいろなものがあり得るので場合によっては許すし、こちらも反省せねばならないこともある。あの場合には諸般の事情により許せない。どんなことについてどんな風にやるかゞ問題だ」と述べている。また、舞出経済学部長は教室の利用を不可とした件について「学生の政治活動を禁止又は制限するつもりはないが、今度の大会は諸般の情勢に鑑み経済学部としては悪い結果を招く恐れありと認定して貸さなかった」と述べている[47]。

第三節　一九四八―五〇年の学生運動

(一) 大学法反対運動

第三章第三節(二)で述べたとおり、一九四八年一〇月、「大学法試案要綱」が発表されると、全国の教職員・学生の間で反対運動が起こったが、東大においても例外ではなかった。まず動きがあったのは教授側で、南原繁総長主宰のもと、各学部から学部長と教授一名ずつを招集し、特別委員会を設けた[48]。同委員会では大学法案に対して討議を行ったほか、大学法案の修正案(東大案)を作成し、国立大学総長会議に提出している[49]。また、東大職員組合においては、大学法対策委員会を設け、これを教授・学生を含めた全学協議会にまで拡大させることを確認した[50]。

これに対して、学生側の動きとしては、一一月一日に経済学部で学生大会が開催され、前述の職員組合の動きと連動して、以下のような決議がなされた。

教授および職組に共同斗争を申込む、教授に対しては交渉会やゼミナールを通じて現状を認識させ、教授会で作成中の代案の内容を公開せしめ、共同で審議する、具体的にはすぐにも教授達の反対署名運動を行

う、之等の過程で全学協議会の結成に進む[51]（後略）

また自治会中央委員会では、一九四九年三月に大学法対策全国協議会（第三章第三節（二）参照）が結成されると、同会への参加を決定するとともに、「（一）原案又は類似の法案に対しては絶対に反対すること（二）原案の公開を要求すること（三）委員は休暇を返上して行動すること（四）学内の活動体制を強化すること」の四項目を決議した。また、大学法対策実行委員会を結成し、「毎日約二〇〇名の行動隊は率先試験を放棄し各学校、民間団体、労働組合、一般市民に訴え」た。その結果、他大学高校専門学校のほか、「東宝撮影所、日本電気三田工場、共同印刷、凸版印刷、日教組等の労組も大学法反対に全面的に協力する」ことになったようである。[52]

こうして東京大学における大学法反対運動は、学内の教職員や他大学など、さらに学外の労働組合とも結びつきながら展開されていった。教職員・学生を含めた全学協議会については、「学生自身の立場において学生らしく立派に運動するがよい、一部の間に最近伝えられているそのための教授、学生、職員三者合同の共同闘争は我々のとらない所である」という南原総長の意向もあって実現しなかったが[53]、この大学法案に関しては、一つの大学を越えてかなり広範な反対運動が展開されたことがわかる。

（二）東大病院不採用反対運動

同じ頃、東京大学附属病院においては二つの不採用問題が起こっており、それに対して東大自治会が中心となって反対運動を展開している。一つはインターン不採用問題で、もう一つは厚生女学部看護婦不採用問題である。

インターン不採用問題について、一九四九年一月二二日、東大病院は共産党員である二名の医学部卒業生のインターン不採用を発表した。不採用の理由については、『東京大学学生新聞』の記事によると、「両君が院長の許可を得ずに芙蓉寮（看護婦生徒寮）に入ったのは院内の秩序を乱すものであり、この為に不採用にした」とのことであった。芙蓉寮では当時民主化運動が活発に行われていたことから、東大自治会中央委員会は各学部自治会、共産党細胞、民主主義学生同盟、関東自治連などとともに共同闘争委員会を組織し、反対運動を展開した[54]。翌月二五日、自治会中央委員会は総長宛に公開質問状を発するとともに、同問題に対する公聴会や教職員を含めた三者協議会の開催を提案した[55]。

その問題が解決しない中、もう一つの厚生女学部看護婦不採用問題が発生した。一九四九年三月、東大病院附属看護婦養成所厚生女学部の卒業生中一四名[56]が東大病院に不採用となったが、そのほとんどが自治会または民主主義学生同盟の所属であり、成績優秀な者も多数いたため、「自治活動および学生団体運動を弾圧し、更に将来の職組運動を抑圧する意図によるものとして」[57]、東大自治会中央委員会、教職員組合などで反対運動が展開された。しかし、病院当局が不採用理由中の成績公開を拒否したため、不採用生徒四名、在学生一名がハンガーストライキを開始した[58]。ハンストが六日間続いた後、東大教職員組合・東大病院職組・東大自治会中央委員会の三者で構成された共同闘争委員会が総長と会見し、総長の責任で新しい選考委員会を設けることなどが確認された[59]。その後、五月に入って病院側と共同闘争委員会の間で交渉が成立し、院長代理の諮問機関として新たに審査委員会を設ける覚書を手交した[60]。六月より審査委員会による再審査が行われ、七月に全員が無条件で東大病院に採用され[61]、問題は解決した。

当該問題が大きな混乱もなく無事解決した背景には、南原総長の陰の尽力があげられる。この問題は完全な学内問題であり、運動側も全員学内の教職員・学生であったことから、総長としても対処がしやすかったと考えられる。

(三) レッド・パージ反対運動

第三章第一節(二)で述べたとおり、一九四九年七月の新潟大学開校式を皮切りとするイールズ講演は、多くの大学関係者の反発を招いたのであるが、南原東大総長は一〇月一二日の東京大学学生新聞記者との会見において、「学問の自由と大学の責任」という題目で談話を発表し、イールズ講演に対して以下のように反論した。

わが国においては米国とは事情を異にし、戦前戦時を通じて長い間、国家の「思想統制」下に多くの犠牲を払いつつ、学問の自由を確立するために苦闘し来ったのである。幸いに新憲法において思想信仰の自由と並んで特に「学問の自由」が保障されるに至った今日、われわれ大学人は何を措いてもこの「学問の自由(アカデミク・フリードム)」を擁護しなければならぬ。真理と理性の府としての大学は、いかなる思想学説であれ、これを研究し、その学問的研究の結果を教え発表し、思想には思想を以て相競い争わしめるところ、真理の発見と学問の発達が期待されるのである。故に国立大学において教授が単にいかなる政党——しかも合法的に公認された政党——に所属しているということだけの事由で、教授としての適格性を云々することは理由ないことである。(62)

以上の談話と時を同じくして、東大自治会中央委員会でも、「「再び暗い谷間への転落を余儀なくさせられるか、学問の自由を獲得する光栄を追いうるか」の岐路に立っているとの現状分析に基いて、声明、檄を飛ばすと共に、各国の学連、G・H・Q各代表部、労働組合等に代表を送」るなどの活動を続けていた。これに呼応して文・経・理学部でも学生大会を開き、レッド・パージ問題を討議するなど、「大学あげて自由を守ろう」という空気が醸成されていた。[63]

東大においてレッド・パージ反対運動が本格化してきたのは、翌一九五〇年五月の東北大学・北海道大学におけるイールズ事件の後である。同月二四日より、東大自治会中央委員会では極東委員会に対して、ポツダム宣言と極東委員会の諸決定に反するイールズの講演内容の撤回を指示することなどを請願する署名運動を行った。[64] また、同月二二日の第四回全学連大会において全国ストライキ決議がなされたことを受けて、東大では三一日に各学部一斉に学生大会を開催し、文・経・工学部でストライキを行うことを可決している。[65] また同年九月、政府より公務員のレッド・パージの方針が伝えられると、学生自治会代表と東大職組代表は、一五日に南原総長と面会してレッド・パージ問題について懇談し、席上南原総長は「自分としては具体的工作をもって善処したい、東大では各学部毎に適格審査委員会が設けられここで決定することになろう」と述べたとされている。[66]

第三章第三節（三）で述べたとおり、全学連はこのレッド・パージに対して「試験ボイコット」の戦術を採用した。全学連傘下の都学連は九月二五日、都内の各大学自治会にレッド・パージ反対を掲げて前期試験をボイコットするよう指示した。[67] これに応えて試験ボイコットを行ったのが、東大においては駒場にある教養課程であった。同月二九日から実施された駒場での試験ボイコットは、三〇日に矢内原忠雄学部長が警察力を用いて自治会のピケット・ラインを破った際、ボイコット反対派の学生が「われわれは警官に守られてまで試験を受けたくない」と叫んだこともあって一応の成功をみた。[68] 都学連ではさらに一〇月五日に、全都学生ストライキと東大構内における全都学生大会を開催することとし、これを受けて東大では同月三、四日に各学部一斉に学生大会を開催し、ストライキおよび全都学生大会への参加を決議し、文・経済・理・医・農学部でストライキ参加を可決した[69]。全都学生大会については、東大当局が中止を勧告したものの、自治会中央委員会は開催を決行し、警官隊ともみ合ったものの、東大・法大・早大・中大など約三千人の学生が集結して開催された[70]。

東大におけるレッド・パージは、「教授の身分についてはいかなる場合においてもそれぞれ法令に基き大学の機関の自由的審定にまつべきである」という南原総長の意向もあって阻止された[71]。しかし、一九五〇年九月二九日および一〇月五日のストライキを主導したとして、自治会中央委員ら一〇名の学生に停学・退学処分が下された[72]。その結果、東大自治会中央委員会は「学校当局によつて不信任され、改選を要求され、法学部緑会委員会は中央委員会不信任を可決するなど」の状況であったが、一一月から中央委員および各学部自治委員の改選が行われた。この結果、中央委員会は「統一派」(共産党主流派)が占めることとなり、各学部自治会についても、『東京大学学生新聞』掲載の改選結果によると、「統一派」および「新人会系統」で占められることとなった[73]。

小結

以上、東京（帝国）大学における学生自治会結成と学生運動についてみてきた。東大においては戦後、戦時中の学校報国団組織であった全学会を解散させ、各学部の学部会がそれぞれ独自に活動を行っていた。しかし、全学的な問題に対応する必要から、全学自治組織が求められるようになり、学生自治（委員）会が組織された。この全学学生自治（委員）会結成の中心となったのは、文学部・経済学部などの共産党学生細胞のメンバーであった。共産党東大細胞は一九四七年一二月、共産党によって一度解散されたが、その後再建された東大細胞のメンバーが全学連の中心を担っていった。五〇年の共産党分裂の後は、国際派の中心として活動した。

一九四八年から五〇年にかけて、学生自治会が中心となって動いた学生運動には大学法反対運動、東大病院不採用反対運動、レッド・パージ反対運動がある。レッド・パージ反対運動では試験ボイコットという手段をとったこともあって大量の処分者を出し、その後東大自治会は「統一派」および「新人会系統」で占められることとなった。

注

（1） 本章では東京帝国大学と東京大学という二つの時期を扱うため、東京（帝国）大学と表記する。また混乱を避けるため、特別な場合を除き東大の略称を用いる。
(2)「全学会」(東京大学文書館所蔵「内田祥三関係資料」資料コード:F0004/A/10/01)
(3) 佐々木道雄「私と経済学部と経友会(三)」『経友』六九号、一九七四年、六頁
(4)「民主化いまだしの感　各学部の現状をみる」『大学新聞』一九四六年五月一日
(5)『東京大学経済学部五十年史』東京大学出版会、一九七六年、一、〇四一頁
(6) 大塚斌「『長い墓標の列』を観て」『経友』二号、一九五九年、二二一一二三頁
(7)「東大経済学生大会　学部行政へも参加を要望」『大学新聞』一九四五年一一月二一日
(8) 大塚前掲回想録、二三一二五頁
(9)「行政参加を希望　東大経　第二回学生大会」『大学新聞』一九四五年一二月一日
(10) 大塚前掲回想録、二五頁
(11) 佐原洋「戦後の東大細胞創設期の思い出」『一・九会文集』第四集、一九九九年、三六一三七頁
(12)「経友会新発足」『帝国大学新聞』一九四六年五月一一日
(13)「学制も徹底的批判　文・連絡委員会の成果」『帝国大学新聞』一九四七年三月五日
(14)『東京大学百年史』部局史一(一九八六年)に、「昭和二十二年二月には学生から兵役期間を在学期間に算入されたい旨の要求があり、学部長提案により兵役六ヶ月以上の者は在学二カ年半で卒業させることとし、また卒業まで満三年以上在学を必要とする者については兵役休学期間のうち六ヶ月までを在学期間に加えることとした」(四五一頁)という記述がある。
(15) 哲・史・文の三学科の下に二一の専修科を置き、はじめ学科毎に入学させ、二年以上在学し五単位以上修得した者を専修科に振り分けるというもの(前掲『東京大学百年史』部局史一、四五二一四五三頁参照)。
(16) 小島晋治「愛国少年から左翼青年へ、および文学部細胞のことなど」『一・九会文集』第一集、一九九七年、四一頁
(17) 武井昭夫『層としての学生運動　全学連創成期の思想と行動』スペース伽耶、二〇〇五年、七七一七八頁
(18) 小島前掲回想録、四五頁

(19) 直井寿「教育復興闘争と全学連」『一・九会文集』第一集、一九九七年、五頁
(20) 林重太「地方高校出身の文学部学生は第一次全学連時代をどう生きたか」『一・九会文集』第二集、一九九七年、七四―七五頁
(21) 「実質的自治機関へ　学生委員会（仮称）案、学連を通過」『帝国大学新聞』一九四七年一月一日
(22) 「学生連合の機運動くか　学生委員会規約を決定」『帝国大学新聞』一九四七年一月二二日
(23) 占領軍の指令にもとづく「教職員の除去・就職禁止および復職等の件」（昭和二一年五月七日勅令）によって行われた「教職員適格審査」により、学内の審査では適格とされたものの文部省の「検事控訴」により不適格とされ、土屋は一九四六年一二月に辞表を提出していた（『東京大学経済学部五十年史』一九七六年、六四頁）。
(24) "Problems of student self-government in universities" 16 January 1947. *GHQ/SCAP Records*. CIE(C)00318
(25) "Imperial University Student self-government" 21 February 1947. *GHQ/SCAP Records*. CIE(C)00328
(26) 「学生委員会規約」『帝国大学新聞』一九四七年一月二九日
(27) 「学生委員会『学生自治会』に改組」『帝国大学新聞』一九四七年九月二五日
(28) 梶原武「農学部自治委員の入党」『一・九会文集』第三集、一九九九年、一七〇頁
(29) 「東大細胞の解散について」『アカハタ』一九四八年一月六日
(30) 「細胞公認さる」『東京大学新聞』一九四八年四月一五日
(31) 同前
(32) 「東大に自治擁護連盟　参加十九団体で反共声明」『東京大学新聞』一九四八年五月二七日
(33) 「自治擁護連盟その後　授業料問題には影響なし」『東京大学新聞』一九四八年六月三日
(34) 「八割が納入不能　ほゞ同数が不払態勢を支持」『東京大学新聞』一九四八年四月二九日
(35) 「授業料値上げ反対の波　〝払えない〟で押す」『東京大学新聞』一九四八年四月二九日
(36) 「授業料運動に一転機　教育復興宣言を決議」『東京大学新聞』一九四八年五月二七日

(37)「教育復興闘争の貫徹へ　同盟休校遂に決行」『東京大学新聞』一九四八年六月二四日
(38)「文経農医専は断行　法ほか五学部は好意的中立」『東京大学新聞』一九四八年六月二四日
(39)「総長と会見　中央委員が授業料問題で」『東京大学新聞』一九四八年九月一六日
(40)「大学当局告示」『東京大学新聞』一九四八年九月一六日
(41)「教室使用を制限　東大当局政治運動に抑圧方針」『東京大学新聞』一九四八年九月二三日
(42)「東大中央委態度を決定　学生運動弾圧に抗議」『東京大学新聞』一九四八年九月二三日
(43)「東大全学学生大会開く　〝学問の自由を守れ〟当局に自治権の確認を要求」『東京大学新聞』一九四八年一〇月七日
(44)「中央委員、総長と会見　学生新聞と新制大学問題で」『東京大学新聞』一九四八年一〇月一四日
(45)「総長委員と会見」『東京大学新聞』一九四八年六月二四日
(46)「同盟休校に意見を訊く」『東京大学新聞』一九四八年七月一日
(47)「当局〝教育上で制限〟総長・学部長と自治委員会談」『東京大学新聞』一九四八年九月三〇日
(48)「東大に特別委」『東京大学新聞』一九四八年一〇月二八日
(49)「四日に修正意見決定か　総長会議「東大試案」に大体一致」『東京大学新聞』一九四八年一一月四日
(50)「全学協議会結成か　大学法案反対に東大職組起つ」『東京大学新聞』一九四八年一一月四日
(51)「教授に共斗申込み　経・学生大会」『東京大学新聞』一九四八年一一月四日
(52)「東大の動き　活躍する実行委員会」『東京大学学生新聞』一九四九年三月一五日
(53)「南原総長学生運動に望む」『東京大学学生新聞』一九四九年三月一五日
(54)「インターンもめる　中央委で共同闘争決議」『東京大学学生新聞』一九四九年一月二八日・二月八日合併号
(55)「中央委公開状発表　インターン問題更に発展」『東京大学学生新聞』一九四九年二月二八日
(56)なお不採用者の人数は、記事により一三名となっているものもある。
(57)「自治委員民学同員全員不採用　厚生女学に問題再燃か」『東京大学学生新聞』一九四九年四月一八日

(58)「厚生女学　衆文教委で調査」『東京大学学生新聞』一九四九年四月二八日
(59)「厚生女学問題一応妥結す」『東京大学学生新聞』一九四九年五月八日
(60)「厚生女学問題　審査委員会生る」『東京大学学生新聞』一九四九年六月八日
(61)「厚生女学部　全員無条件採用」『東京大学学生新聞』一九四九年七月一七日・二八日合併号
(62)「南原総長談話発表　教授追放に態度表明　全国国立大学にも要望学問の自由」『東京大学学生新聞』一九四九年一〇月一七日
(63)「大学あげて自由を守ろう　逞しい学生の動き始まる」『東京大学学生新聞』一九四九年一〇月一七日
(64)「〝イ講演撤回望む〟東大自治会極東委員会に請願」『東京大学学生新聞』一九五〇年五月二五日
(65)「経・文・エスト決議　法学部は不成立」『東京大学学生新聞』一九五〇年六月一日
(66)「適格審査は各学部で　南原総長自治会代表に態度表明」『東京大学学生新聞』一九五〇年九月二一日
(67)「全学連レッドパージ反対に動く　一斉に試験拒否」『東京大学学生新聞』一九五〇年九月二八日
(68)大野明男『全学連血風録』二〇世紀社、一九六七年、一〇五頁
(69)「東大（文経理医農）スト」『東京大学学生新聞』一九五〇年一〇月五日
(70)「全都大会に三千　警官隊ピケともみ合う」『東京大学学生新聞』一九五〇年一〇月五日
(71)『東京大学百年史』通史三、一九八六年、四三〇頁
(72)「十名に停退学処分　中央委員会緊急事態を宣言」『東京大学学生新聞』一九五〇年一〇月一九日
(73)「統一派の優勢動かず　全学部の自治会改選終る」『東京大学学生新聞』一九五〇年一二月七日

第五章

京都（帝国）大学における同学会の再編とその活動

第一節　敗戦直後の同学会改革

第二章第一節（二）で述べたように、文部省は一九四五年九月二六日、「校友会新発足ニ関スル件」（発専一三〇号）という通牒を地方長官宛に発し、戦時中、教職員・学生の統制組織であった学校報国団を校友会に編成し直すよう指示した。これを受けて各大学・高校・専門学校などは学校報国団の解体・改組にふみ切ったのであるが、京都（帝国）大学（以下、京大）[1]同学会も例にもれず、早速「同学会規則」の改正に着手した。ここでは「昭和二十年十月甫　一件書類綴　同学会」（京都大学大学文書館所蔵、以下「一件書類綴」と記す）や『大学新聞』『学園新聞』の記事を用いて、四五年から四六年にかけての大学当局・学生それぞれの同学会改革の動きや、それにまつわる議論をみていく。

（一）同学会改革への動き

通牒が発せられてから一二日後の一九四五年一〇月八日、大学当局は「同学会規則改正ノ件」という公示を出して、以下のような規則改正を行っている。

一、第九条第一号中「映画部」ノ次ニ「厚生部」ヲ、第二号中「旅行部」ノ次ニ「馬術部」ヲ加へ、第三

号及第四号ヲ削除ス
二、第二十条第一号中「総部顧問一名」「総部顧問ハ国防訓練総部ニ限リ之ヲ置ク」ヲ削除ス
三、第二十一条中第二項ヲ削除ス
四、第二十二条第二項中「総部顧問ハ総部長ノ諮問ニ応ズ」ヲ削除ス
五、第二十六条中第三号「総部長四名」ヲ「総部長二名」ニ改ム(2)

これらはすべて戦時中設けられた国防訓練総部(第九条第三号)が廃止されたことに伴う変更である。その後一一月一三日には「柔道部」「剣道部」「弓道部」(第九条第二号)も廃止され(3)、戦時体制に応じて設けられた部がこれによって廃止された。

以上が文部省の通牒を受けて、大学側主導で行われた同学会改革である。これは戦時中の国防訓練総部や武術関係の部を廃止して、表面的に戦時色を払拭するだけにとどまったが、この月に学生協議委員が改選されると、彼ら主導で同学会改革案がつくられ、中身も学生中心の民主的なものへと変えられていくことになる。

一一月二七日、同学会規則に基づき新協議委員が学生の中から「推挙」によって互選されることとなった。定員は七学部合計二九名とされたが(4)、実際には一九名しか候補者が出ず(5)、投票が行われることなく新協議委員は決まった(6)。新協議委員は就任後、ただちに改組案の作成を開始し、改組案の骨子について光田作治学生課長、井上吉之学生主事(農学部教授)らとたびたび会談を行った。『大学新聞』の記事によれば、ここでは意見の対立を来したものの、その後一二月五日に木村素衛学生部長(文学部教授)を中心に協議委員会を開いて学生側の改組案を論議し、学生側原案の根本意見である以下の四点について木村学生部長の内諾を得た。

㈠同学会の運営は原則として学生委員の手で行い、特別の場合は顧問会の協力・援助を受ける。

㈡学生取締規則の廃止、及び之に伴い学内治安を同学会学生委員により自律させる。

㈢同学会を学生の意思表示機関として学園の自治達成の一翼とする。

㈣同学会の監督は総長が行うが、責任上止むを得ざる事項以外は委任の形式により、学生委員の自由を認める。[7]

その後木村学生部長の調停により、光田学生課長、井上学生主事も同意し、鳥養利三郎総長の内諾を得て一二月九日以後協議委員は改組案の成文化に着手した。この時の学生案の根本意見に基づいてつくられた同学会組織の構想は、(1)「常任委員会（学生、週一回）、顧問会（教授、助教授）を以て本部を形成、中核となり一般会務を処理する」、(2)「常任委員会は各学部選出の協議委員会の委任に基づくもので協議委員会は月一回開催される」、(3)「常任委員長は毎年二回学生大会を召集（ママ）して同会運営並に経理の全般の報告をなすと共に与論を聴取する」の三点である。[8]

(1)は学生の常任委員会と教官の顧問会とを併せて執行機関を形成するというあたりで、戦前の中央部を引き継いでいると思われる。学生大会については戦前には規定がなく、(3)は学生大会の制度化という京大においては戦後の新しい試みである。この時期の学生案の内容は戦前の体制を維持しつつ、その中でわずかに学生の権限を増幅させているという程度であった。

年が明けた頃には学生側原案はおおむねまとまり、一九四六年一月二六日には同学会中央部理事長名にて同学会各部の部長（教官）が招集されて部長懇談会が開かれ、学生側原案の検討が行われている。[9]そして二月には総長、学部長およびその他の同学会関係教授、全協議委員出席の下に協議会が開かれて改組案の承認が行われたようである。[10] 以上のようなたびかさなる検討を経て学生側原案は煮詰められ、同年三月二九日の協議員懇談会においては「同学会規則改正原案」として、細部の検討が行われている。「一件書類綴」によればその内容は下記のとおりである。

一、同学会ノ目的（性格）ニ就テ
大学ノ使命達成ノ補助機関タラシムルノ件（改正案第二条）（現行規則第二条、通則第十二条）
（参考）会員ノ心身ヲ修養シ親睦ヲ図リ福利ヲ増進スルニアリ（旧学友会規則第二条）
二、教官其他ノ職員ト同学会ノ関係ニ就テ
顧問ガ当該学部選出ノ協議委員ニヨリ要請サルル件（改正案第八条、第五条）
（参考）現行規則ニ於テハ部長、理事等ニハ教職員ガ当ル
三、執行機関ト議決機関ノ選任方法ニ就テ（改正案第八条以下）
四、学校行政ニ関連アル事項ニ就テ
(イ)補助金トシテノ校費ノ経理
(ロ)学内団体設立ニ関スルコト（第六十、六十一条）
(ハ)学校建物管理ニ関スルコト（第六十二条）
(ニ)広告掲示ニ関スルコト（第六十三条、六十四条）
(ホ)学生懲戒ニ関スルコト（第六十六条）
五、監査部ノ職能ニ就テ
綱紀維持ト会計検査ノ機関タルコト（改正案第五十六、五十七条）

六、本規則中ニテ制定スルノ適不適ニ就テ
禁煙等ノコト（第六十五条）[11]

これをみると、一の目的における「大学ノ使命達成ノ補助機関」という文言は旧同学会規則そのままであるが、二においては先述の学生側原案の根本意見の㈠が具現化されているほか、四においては学校行政における同学会の権限が記されている。

その後一九四六年末までの間、「一件書類綴」『学園新聞』ともに同学会改革の記述がないため、この原案にどのような検討がなされて新「同学会規則」が完成したのかは不明である。しかしここまでのやりとりをみる限りにおいても、学生側原案をもとに教官・学生相互の議論が行われ、同学会規則がより民主的で学生中心のものへと変えられていったことがわかる。これが最終的にどのようなかたちでまとめられ、新「同学会規則」となっていったかについては本節（三）で詳しく述べることにする。

同学会改革の議論は秋になって、協議委員改選の時期が近づくにつれ、その選挙方式と役員・委員のメンバー構成へと焦点化されていくことになる。次はそれについて述べていきたい。

（二）協議委員選挙改革とメンバー構成

以上のように、一九四五年末に新協議委員が互選されてから、学生中心の民主的な同学会組織改革が進められていったわけであるが、四六年一〇月、協議委員改選の時期が近づくと、その選出方法に論議の中心が移っていった。この年創刊された『学園新聞』によれば、石井光弥中央委員長は学部を問わず公選制を採るべきだという主張をなしたのに対し、北田敏雄総務部委員は画一的な公選主義を排し、各学部の特殊事情を考慮して各学部独自の選出方式を採るべきだという見解を持して譲らなかった。数次の会議において白熱した議論を交わしたが、結局一〇月一日総長官舎において行われた最終的な会議において新協議員の選出はすべて単一公選によることに決定した[12]、ということである。

この決定により、協議委員は各学部正会員の中から学部ごとに選挙で選ばれることとなった。委員の定員に関しては種々討論されたが、最終的に各学部正会員六〇〇名までにつき三名、以上二〇〇名を増すごとに一名を加えることとされた[13]。この方式により同月二三日の協議委員選挙においては法学部八名、医学部四名、工学部五名、文学部四名、理学部三名、経済学部五名、農学部三名の計三二名が選ばれることとなった[14]。

またこれと機を同じくして、鳥養総長、井上学生部長らは従来総長の占めていた会長の任もこれを学生の手に委ねることが本来の学生自治精神に則る道であるとの見解を表明し[15]、同学会会長は学生の中央委員長が就くことになった[16]。すでに前年の改組以来、総務・庶務・会計ともに学生の手により運営されてきており、これによって会長以下学生のみの組織が完成したことになる。

新協議委員選挙の立候補は一九日に締め切られ、その数は各学部それぞれ法一一名、医六名、工八名、文四名、理六名、経一一名、農六名となった[17]。これによって文学部を除いて投票が行われることとなり、「同学会を根本的に改組し全学生（正会員）の自治団体たらしめたい。全会員の投票を期待する[18]」との掲示のもと二三日に投票が行われ、即日開票された。その結果は次頁の**表3**のとおりである。

これを一九四五年一一月の協議委員推挙結果（**表2**）と比較すると、一九四五年（**表2**）は委員一九人中一二人が無所属で残りのメンバーも同学会各部の所属だったのに対し、四六年（**表3**）は各学部会、社研、唯物論研究会、青年共産同盟（青共）、運動部関係、高校同窓会、政治研究会など様々であり、とくに社研、唯物論研究会、青共など左翼学生団体所属の委員の存在が目立つ。戦前、共産党員の弾圧などにより影を潜めていたこれらの学生団体が、戦後徐々に復活し始めてきた様子がわかる。

こうして選出された三二名の委員により、新しい同学会組織は運営されていくことになった。選挙後、当選

表 2　1945 年 11 月協議委員推挙者所属[1]

学部	定員	所属
法	6	無所属 無所属 無所属 無所属 無所属 無所属
医	4	無所属 厚生部 厚生部 無所属
工	6	無所属 厚生部 厚生部
文	3	無所属
理	3	厚生部 厚生部
経	4	無所属 無所属
農	3	音楽部

※各学部とも定員を超えなかったため投票は行われず。
1　前掲「協議委員推挙立候補者氏名掲示ノ件」（192 頁注(6)）をもとに筆者が作成。

表 3　1946 年 10 月協議委員選挙当選者所属[1]

学部	所属	得票数
法 (288)	政治研究会、新日本青年協会、四高法学会	49
	五高法学会	39
	唯物論研究会	34
	社会科学研究会	33
	学生厚生事業団	25
	有信会（学部会）	25
	有信会	22
	政治研究会、青年共産同盟	17
医 (276)	無所属	66
	民主主義科学者協会学生部	62
	芝蘭会（学部会）厚生部	51
	芝蘭会雑誌部	44
工 (337)	無所属	88
	同学会厚生部	70
	同学会陸上競技部	46
	同学会ヨット部	39
	無所属	36
文 (0)	無所属	なし
	無所属	
	無所属	
	社会科学研究会	
理 (168)	同明会（学部会）	41
	無所属	38
	同学会厚生部	34
経 (216)	同好会（学部会）、佐高経済会	44
	社会科学研究会	37
	社会科学研究会	30
	唯物論研究会	25
	山口高校柏稜会	23
農 (256)	無所属	64
	四明会（学部会）	63
	四明会	39

1　前掲「〔昭和二一、二年度同学会協議委員選挙開票結果掲示ノ件〕」（193 頁注(17)）をもとに筆者が作成。
2　学部の下の（　）は総得票数。
文学部は定員を超えなかったため、投票は行われず。

委員の一人である末本徹夫は『学園新聞』のインタビューに対して「同学会があくまで学生の自治体であって外部の政治運動でない以上、同学会が学内の行政に学生の意見を反映出来る如き性質を帯びるのが正当と考える」[19]などと述べ、同学会を通じて学校行政に学生の意見を反映させていくという抱負を語った。末本はこの後委員の互選により、初代中央委員長に就任している。

(三)「同学会規則」改正

新「同学会規則」は新協議委員の手により最終的な審議が行われ、一九四六年一二月四日に完成した。一〇日には法経第一教室において初の学生大会が開催され、新規約の発表が行われた。[20]以下、新「同学会規則」の条文を参照しながら、①目的、②執行機関・議決機関、③教職員との関係について原案の段階からどのように変化したかをみていきたい。

まず①の目的についてであるが、新「同学会規則」においては以下のように明文化されている。

第二　目的

（中略）

第二条　本会は学生の自治により学生生活全般の発展向上を計るを目的とする。

前述のとおり、三月二九日の協議員懇談会においては「大学ノ使命達成ノ補助機関タラシムル」という旧同学会規則そのままの文言であったが、ここではその文言も、学友会時代の「親睦ヲ図リ」という文字も消え、新たに「学生の自治」という言葉が加わっている。しかもこれによって学生生活の発展向上を計ることが明記されている。
次に②の執行機関・議決機関についてであるが、当初の学生側の構想においては常任委員会と各学部選出の協議委員会とされていたが、新「同学会規則」においては中央委員会（執行機関）と協議委員会（議決機関）の二本立てになっている。

四、中央委員　六名
中央委員は各総部に各一名これを置き総部委員の互選によって定められる。
中央委員は所属総部を統括し総務部委員と共に中央委員会を構成する。
中央委員会は総部間の連絡統制に当り事業全般の運営を計る。

（中略）

第六　協議委員会

第十二条　協議委員会は原則として中央委員長の召集により毎月一回開会される。また協議委員十名以上の連名を以て開会の要請がある時は中央委員長はこれを召集しなければならない。

（中略）

第十五条　左の各号は協議委員会の議決を経ることを要する。
一、本会運営に関する最高方針の決定
二、予算
三、決算
四、本規則および細則の制定改廃

五、一万円以上の基本金の支出

六、その他中央委員会が協議委員会の議決を必要と認めた事項。

第十六条　協議委員会は各学部協議会の連絡統一に当る。

（一）で述べた学生側の構想と比較すると、教授・助教授からなる顧問会が抜け、純然たる学生のみの執行機関・議決機関となっているのがわかる。また協議委員会の開催回数が月一回という点は変化していないが、協議委員の要請により臨時に開くことができるという柔軟なものになっている。これにより、協議委員会・中央委員会の下、各総部（総務部・会計・文化・運動・厚生・社会）、各部という学生の組織体系ができあがった。また第十六条にあるように各学部会との連絡のため各学部協議会を設け、協議委員会に直結させた。

そして③の教職員との関係についてであるが、顧問制度が設けられ、総長・各学部長・学生部長・事務局長よりなる中央顧問と特別会員の教官から学生の推薦により総部顧問・部顧問を迎えるというかたちをとることになった。

第八　顧問

第二十八条　本会に左の顧問を置く。

一、中央顧問

中央顧問は京都帝国大学総長、各学部長、学生部長および事務局長にこれを委嘱する。

中央顧問は中央顧問会を構成し重要事項について意見を述べ諮問に応ずる。

二、総務部顧問および部顧問

総部顧問及び部顧問は総部及び部毎に特別会員である京都帝国大学教職員中よりこれを選定し中央顧問会に連絡して委嘱する。
総部顧問および部顧問は総部および部の運営に協力する。
総部顧問は総部委員会、連絡協議会に出席発言するも議決権を有しない。協議委員会には要請により出席発言する。[21]

顧問の条文においては、教官である顧問はあくまで「協力者」としての位置づけになっており、その出席発言も協議委員会の「要請」が必要とされている。これは協議員懇談会において、教官その他の職員と同学会の関係について「顧問ガ当該学部選出ノ協議委員ニヨリ要請サルル」とされたのと一致している。これをみると、中央・総部・部それぞれに顧問というかたちで教官も加わっているものの、改正原案の段階よりはるかに学生中心の組織になっていることがわかる。

これらの規定の整備により、(1)「学生の自治により学生生活全般の発展向上を計る」ことを目的として、(2)執行機関・議決機関をはじめ、学生のみの組織体系ができあがり、(3)教職員の顧問がそれを補佐する体制がつくられた。(3)の顧問である教職員の存在は、ときに学校行政へ学生の意見を反映させる手助けとなり、同学会の社会・政治運動の抑止力となるなど、同学会の活動に様々な影響を与えた。この大学当局、教職員との関係については、第二節(二)および第三節(四)で述べていく。

一九四六年一〇月、新協議委員の選出はすべて単一公選[22]によることを決定し、同学会会長は学生の中央委員長が就くことになった。[23]新しい同学会組織は、中央委員会・協議委員会―各総部―各部という学生の組織体系に、教職員の中央顧問・総部顧問・部顧問がそれぞれつくかたちとなった。顧問はあくまで「協力者」としての位置づけになっている。ここにおいて同学会は教職員の関与はあるものの、学生主体の組織に再編されたのである。

中央委員会、協議委員会はそれぞれ執行機関、議決機関という位置づけがなされていたが、実際に協議委員会の決議を執行するのは各専門委員会であり、中央委員会の実体はほとんどなかったと考えられる。専門委員会は戦後の困窮する学生生活の救済、学生自治の体制構築のため、協議委員会内部に設けられた。中でも注目すべきものは「自律委員会」と呼ばれる委員会の存在である。自律委員会は全協議委員で構成されており、京大学生が関係する事件が起こるたびに組織され、その事件の真相の調査にあたっている。この自律委員会の設置に合わせて、「本学生として好ましからざる言動ありたる時は、学生委員の手により戒告し、更に協議委員会の議決により退学または受験停止処分を総長に要請すること」[24]ができるとした「自律規定」も整備された。この規定の主旨は旧制高校における寮の自治と共通する部分が多く[25]、その影響を少なからず受けていると考えられる。

各学部自治会との関係については、協議委員会直属の各学部協議会を設け、連絡統一をはかることとなった。しかし学友会以来の伝統で各部とのつながりは強いものの、各学部との連繫はこの時点ではまだ脆弱であった。この各学部自治会との結びつきの弱さ、および中央委員会の性格の曖昧さが後の同学会改組要求運動における論点となる。

第二節　全国的な学生運動の高揚と京都大学内部の相克

一九四八年には「授業料値上げ反対運動」「大学理事会案（B・T案）反対運動」、およびそれらに端を発する大規模な学生運動が頻発した。また、それらの運動を通じて全国の学生自治会が結集し、全学連などの連合組織を形成した学生運動史上重要な時期でもある。本節では、四八年に起こった学生運動の概要とそこにおける同学会の対応について、「〔同学会協議委員会議事録〕」（京都大学大学文書館所蔵、以下「協議委員会議事録」）などの資料を用いながら述べていく。

（一）一九四八年の学生運動と同学会の対応

第三章第三節（二）で述べたとおり、一九四八年五月二〇日、文部省は国立大学・高校・専門学校の授業料を六〇〇円から一、八〇〇円へ三倍値上げすることを通達し、九月には私立大学協会が翌年発足の新制大学の学費を六、〇〇〇円とする協定を結んだ。これに対して学生たちは「不払同盟」を組織するなどして反対運動を行い、文部省が通達を発した当時、反対・不払い校は八〇数校に達した[26]。また同年三月、大学基準協会が大学理事会案（B・T案）を作成しているという噂が流れ、学生側もこれに呼応して反対運動を開始した。ここにおいて学生側からは大学行政への参加要求が起こり、四月二八日の全国国立大学学生自治会連盟（国学連）

の大会において東京大学、東京商科大学から学生代表を含めた全学協議会案が提示されている[27]。六月一六日、全国官公立大学高専自治会連盟（全官公自治連）の結成大会において、授業料値上げ反対、B・T案国会上程反対、文教予算の獲得などを要求して、通らなければストに突入することが決議された。そして二六日、全国一斉に一二〇校がストに入り、約二〇万人が参加した[28]。授業料値上げ反対運動、大学理事会案（B・T案）反対運動は、全国の大学・学生を巻き込んだ「教育復興闘争」[29]へと拡大していった。

このような学生運動をとりまく情勢の中、同学会がどのような姿勢でそれに臨んだのかをみていく。まず授業料不払いについてであるが、同学会は一九四八年二月の国学連第二回代表者会議における「不払同盟」結成決議に対し、「保留」という態度を示した[30]。そして四月の国学連代表者会議においては一度不払い容認の姿勢をみせたものの、六月の同会議においては、「三倍値上げの線を固執せず、育英会予算の増大、授業料減免制の確立等による実際的対策を確立し、（中略）不払態勢を一応解くべし」[31]と方針転換している。しかしこの提案は絶対多数で否決され、同学会は国学連ほか学生自治会連合組織の中で孤立していくことになる。

次に大学行政への学生参加についてであるが、同学会は四月二〇日の関西学生自治連盟（関西自治連）[32]の総会において、B・T案問題について「大学を構成する何人も（中略）大学行政にタッチできなくなり、その自主性が確保しがたくかつ学問水準の低下する恐れがある」[33]と反対意見を述べた。しかし他大学自治会が対案として学生の大学行政参加を掲げる中、同学会は「大学の社会化に対しては我々も十分考慮して、この案（B・T案―筆者注）に代わる真に民主的な大学行政機構を学生の案として提出せねばならない」[34]としたのみであった。協議委員会内のその後の議論においても学生の大学行政参加の件は議題に上っていない。この件に関して同学会は積極的ではなかったと考えられる。

ストライキについては、同学会は六月二一日の緊急協議委員会において、二三日からの全官公自治連のストについて「時期尚早」であるとして否決し、京大独自の立場において文部当局との交渉を行うことに決定した。[35] 同学会は終始「平和的交渉」を強調しており、全官公自治連の方針とは異なる方向へ歩むことになった。

また、七月二七日の京都大学職員組合のスト[36]においても、「われわれはいやしくも大学の自治と自由とを自らの手によって破壊しあるいは放棄する方法には賛成出来ない」[37]との反対声明を発した。しかしこれは学内外から大きな反発を買うことになり、同学会は、学生戦線をまとめる立場にありながら、逆に戦線から離脱してしまう立場になった。

(二) 中央顧問・各学部自治会の対応

一連の同学会の活動や学生運動に対する中央顧問（総長・各学部長・学生部長ら）たちの対応は以下のとおりである。鳥養総長は、協議委員と中央顧問との懇談会において、「井上さん（井上吉之学生部長―筆者注）と以前に相談したことであるが学生運動はそくばくしたり弾圧したりすべきでなく、やらせて失敗したら反省させれば勉強にもなるから自由にやらせることにしている。ただ政党に関係した政党運動は認めない」と述べ、[38] 学生運動を学生自身の学習材料になると考えており、政党運動に発展しない限りは自由にさせる方針をみせている。一連の不払い運動、ストに対しては、授業料問題を不払い運動によってではなく、育英資金の充実によって解決させようという考えを述べている。[39] 井上学生部長は自治会活動＝学生自治活動と捉えており、しかもそれは「学校の行政面以外の学内の諸機能」[40]に限定されると明言している。このような中央顧問たちの見解が、同学会の活動に制約を加え、「不払態勢解除」「平和的交渉」につながっていると考えられる。

各学部自治会の反応としては、全官公自治連ストの段階では同学会と意見を異にする学部は少数であった。しかし、同学会が職員組合スト反対声明を発表すると、法・経・文・医の四学部と、学内の社会科学研究会、青年共産同盟、共産党京大細胞、唯物論研究会などの学生団体は、「教職員ストは生活すら守り得ない現実に対する最終的抗議であり、むしろ大学の自治と自由を自らの手に奪回せんとする崇高なる意図に出るものである」[41]との声明を発し、同学会と真っ向から対立した。これを前述の同学会の声明と比較すると、同学会は教職員の闘争は支持しているものの、ストについては学生に不利益を生じさせ、「大学の自治」を破壊し放棄する方法だとしている。それに対し学部自治会・学生団体側は、ストは教職員の生活権を擁護し「大学の自治」を奪回する行為だとしている。

以上のように、同学会の学生運動への対応は大学当局のそれに近く、各学部自治会とはストに対する方針および「大学の自治」に対する考え方に違いが生じていた。これによって、法・経・文・医の各学部はあいついで同学会不信任を決議した。その後、各学部自治会は「教育復興対策委員会」を組織して、同学会に解散・改組を要求していくほか、独自に全官公自治連とつながりを持つようになった。

第三節　一九四九年における「京大事件」と学内自治機構改革

（一）一九四八―四九年の動き

前節で述べたように、一九四八年においては「授業料値上げ反対運動」「大学理事会案反対運動」の二つの大きな運動を通じて、学生自治会の全国組織＝全学連が結成された。このような学生たちの動きに対し、文部省は同年一〇月八日、学校の政治的中立、学校内での政治活動の禁止などを求めた「学生の政治運動について」を文部次官通達として発した。これ以降学生と大学当局・文部省との衝突は激しくなり、四九年に入ると運動に参加した学生に対し、厳しい処分が科せられるようになる。四九年五月には国立学校設置法・教育職員免許法反対ストにからんで、東大自治委員二〇名が停学処分となっている。

同学会においては前述の不信任決議以降、「学内自治態勢強化」などと題して、再三同学会組織再編に向けての議論がなされている。同学会機構改正の中心となる論点は学部自治会と同学会との関係、および決議機関と執行機関の分離の問題であった。第一節で述べたように、この二つの問題はいずれも、一九四六年の同学会改組直後より中央委員会・協議委員会において再三議論され、曖昧な状態のまま放置されていたものである。

各学部自治会のおもな要求は、(1)協議委員を各学部自治会の間接選挙によって選出、(2)同学会と文化・運動・共済団体を切り離して各部委員会を設けること、などであった。これは学部自治会と同学会の結びつきを強めることを目的としたものである。これに対し同学会は、運動・文化部の反対を考慮して代議員制を提案し[42]、審議は難航した。

一九四九年に入ると、本節（二）で述べるように厚生女学部卒業生不採用問題、国立学校設置法・教育職員免許法国会上程反対運動、全学連事件などの運動・事件が頻発する。これにより同学会組織改革の議論は一時中断するが、これらの運動・事件を通じて同学会と学部自治会との関係、および同学会改組問題に新たな展開が生じるのである。以後、二つの「京大事件」（「厚生女学部卒業生不採用問題（看護婦事件）」、「全学連事件」）の概要とその中で起こった「大学の自治」論争、およびそれらを受けて行われた同学会改組について述べていく。

（二）二つの「京大事件」の概要

まず「厚生女学部卒業生不採用問題（看護婦事件）」であるが、一九四九年の四月二日、京大病院附属厚生女学部[43]の新卒者で、京大病院への勤務を希望していた三三名のうち一〇名が不採用となった。病院側は成績不良などを不採用の理由としていたが、選考内容が不明確なうえ、不採用者の中には積極的に自治会活動に携わった者が含まれていた。このため、そのうち六名は採用不可を不当として寄宿舎からの立ち退きを拒否し、同月二八日からハンストに入った。これに対して、京大職組、各学部自治会、共産党細胞、全日本産業別労働組合会議（産別会議）など学内外から多くの団体が支援を行った。

学内団体の動きに絞ってみていくと、最初に動いたのは京大職組であった。四月一九日、委員長ほか三名が病院長らと会見し、選考内容の公表を要求した。職組はその後二一、二二、二八日にも同様の申し入れを病院側にしている。各学部自治会の動きとしては、五月九日、工・文・理・経・農・医専の自治会代表が病院長に面会を要求し、実現している。また、同月九日と一一日には、理学部学生自治会が抗議文を提出し、受理されている。[44] ここまでの学生の動きは穏やかなものであったが、一五日、病院側が不採用者を一名も採用しないことを決定すると、翌一六日には全学学生大会代表が病院長と面会を要求し、診察中のため拒否すると、廊下に学生数十名が集まり診察の終わった病院長を取り囲み、一昼夜交渉を行った。そして一八日、この交渉現場に戦後初めて警官が導入され、三名の学生が逮捕された。第四章第三節（二）で述べたように、同時期に東大でも同様の問題が起きているが、その結果は大きく異なった。

同じ頃、全学連においては国立学校設置法・教育職員免許法など、教育関係法案反対闘争を行っており、各大学自治会に対してスト決行方針を示した。これを受けて各大学は続々とストに突入し、京大においては医学部を除く各学部が学生大会の決議によりストに入った。これに対し同学会は、国立学校設置法も教育職員免許法もともにストを決行するほど重大なものではないとして、スト反対声明を出した。[45] この同学会の態度に反発した各学部自治会は、同学会不信任・解散を決議し、「共同闘争委員会」（以下、共闘委）という同学会とは別個の全学組織を結成し、独自に全学連とのつながりを持つようになる。

共闘委は、一九四九年六月三日の全学連全国大会のために、時計台下広場の使用許可を鳥養利三郎総長に願い出たが許可されなかった。同日午前一一時総長に面会し、再度拒否されると、総長室前に座り込み、総長を缶詰状態にした。これに対し翌日午前三時、再び大学構内に警官隊が導入され、学生を排除し、五時すぎには騒ぎは収束した。[46] これが「全学連事件」と呼ばれるものである。

（三）同学会および共闘委の動き

この時の同学会の動きであるが、「看護婦事件」について、協議委員会内の議論においては、同学会として病院長に面会を要求するべきだとしているものの、「同学会としてはこれに対して何等態度決定しない」と、消極的な態度をみせている。(47) しかし、一九四九年五月一八日に警官隊が学内に導入され学生らが逮捕されると、「学園の自由に対する警察の不当弾圧に対しては、各学部共同闘争委員会と共に京大全学生の先頭に立って断固闘争を行うものである」との声明を出している。(48) 対立関係にあった同学会と共闘委であるが、この件に関しては意見の一致をみているのである。

次の「全学連事件」の後、同学会は一九四九年六月五日朝中央委員会を開き、①今回の全国学生大会が非合法なもので健全な学生の自治活動の線を逸脱したこと、②全学連および京大共闘委の一部狂信的分子の手によって伝統ある京大の自治が蹂躙・侵害されたこと、また、③同学会自体もこの際痛切な自己反省をし、新たな学生自治機関への発展解消の要あること、の三点を確認した。そしてこれを受け、①全学連脱退、②京大共闘委の解散、③同学会の改組の三項目を決議した。(49) 共闘委の母体となっている各学部自治会においても「全学連を引入れた共闘委の行き過ぎに対する批判は漸次高まり」、六日、「法学部・附属医専は共闘委を脱退、工学部および急進的といわれた経、理両学部も脱退の意向」を示し、(50) 共闘委は徐々に力を失っていった。ここにおいて同学会と各学部自治会の対立は一応決着し、新しい同学会組織の模索が始まったのである。

（四）「大学の自治」についての論争

前述のとおり、一九四九年に戦後初めて、しかも五月一八日と六月四日の二回にわたって警官隊が学内へ導入されるという未曾有の事件が起こった。『学園新聞』・一般紙はこれらの事件について、三三年五月の「滝川事件」と対比して「京大事件」「第二の京大事件」などとして取り上げ、連日「大学の自治」についての座談会・特集記事を組んだ。ここではそれら新聞に散見される「大学の自治」についての記事を用い、当時の学生・教授たちが「大学の自治」についてどのように考えていたかをみていきたい。

「看護婦事件」で最初の逮捕者を出した翌日の五月一九日、学生たちは緊急全学学生大会を開いた。『学園新聞』によればその席上、「学園の自治を侵すような警察権の行使に反対する」「たい捕者三名は総長、学部長の名において即時釈放して貰うことを要求する」との意見が学生より出された。それを受けて「学園の自由を守れ」などのスローガンが決議されている。[51]同学会が警察権の介入に対して抗議声明を発していたことは前述のとおりであるが、大学への警察権の介入＝「大学の自治」の侵害、との認識は学生たち全般が有していたものであったといえる。

これに対して鳥養総長は同日声明を出して、大学が「自発的に警官を呼び入れたことはない」としながらも、「司法権の介入は阻止出来ない」としている。[52]また、戦前の「京大事件（滝川事件）」の当事者であった滝川幸辰法学部長もまた、『夕刊京都』のインタビューに対し、「警察当局がその判断により職務を執行する以上これを拒否することはできない」[53]と述べ、警察権の介入を肯定した。さらに同紙の特集記事において、「大学の自治」について次のように述べている。

> 大学は学問の研究を行うところである。（中略）学問の研究は今の制度では教授の責任においてやっていて、助教授以下の研究者は補助的存在に過ぎない。そこでこの範囲において教授会中心の自治の根拠がある。従来沢柳事件以来京大法学部先輩が努力した所謂大学の自治は研究の自由を擁護するための大学の自治で

ある[54]（後略）

ここにおいて滝川法学部長は、今回の「京大事件」は戦前の「京大事件」とは本質的に異なっており、「大学の自治」の侵害には当たらないとした。以上のような鳥養総長、滝川法学部長のコメントに対し、各方面から反対声明が出された。五月二七日、共同闘争委員会は「我々は滝川式自治に反対である。教授会を拡大し学生職員の意志を学校自治に反映せよ」[55]との決議文を提出した。また『朝日新聞』紙上にも、一京大生から滝川コメントに対して次のような反対意見が投書されている。

今回の京大事件の当面の問題たる大学の自治について、（中略）先生の自治は昭和八年滝川事件当時の大学の自治であり、一方私たち学生のいう自治は、独善的な教授と文部官僚による大学の自治ではなく、助教授、職員、学生の声をも反映させる大学の自治機構を問題にしている。[56]

またこのような意見は学生だけではなく教員たちからも出された。『夕刊京都』の記事によれば、経済学部では一九四九年五月一九日教授懇談会を開いた結果、「今回の事件を紛糾させたのは総長および菊池病院長の責任であるとして遺憾の意を表明されたい、また大学の自治が侵害されたのは学内に軽率な意見をはく教授があったためで自戒すべきである」[57]などと申し合わせた。「学内に軽率な意見をはく教授」の意見の内容は不明であるが、教授たちも今回の事件が「大学の自治」の侵害であると捉えていたようである。また二一日には、工学部助教授講師会において、他学部の有志教授・助教授・講師を含めた会合がもたれ、「かくて従来の教授会の自治であった学園の自治に若い教授、助教授、助手、学生らを何らかの形で参画させ学内全般の意思を反映させようという新しい自治方式を作ろうとする動きが活発化してきた」[58]としている。

以上のように、この「京大事件」の後、「大学の自治」は「研究の自治」「教授会の自治」であり学内への警察権の介入はその侵害に当たらないとする総長・法学部長と、一部の教授、助教授、講師、学生側との間で意見が対立した。これにより学生・有志教職員の間には旧来の「大学の自治」を改め、助教授・講師・助手・学生なども含めた、「全学自治」を模索する動きが現れたのである。

（五）同学会改組におけるCIEの助言

一九四九年六月末、同学会協議委員の改選が行われ、七月六日に新同学会が発足した。この時の委員たちは、「一元的な全学自治機構の確立を第一義とし、現全学連の一方的独裁に反対する旨を明らかに」していた[59]。

新同学会は七月七日に改組委員会結成を承認し[60]、本格的な改組案策定に入った。そのような中、同月二八日、同学会委員長の藤村勉と副委員長の延時英至がCIE教育課を訪ね、ホスプと面談を行っている。CIE会見録によると、藤村と延時は同学会の再建案に対する助言を求めていた[61]。ホスプは同学会の組織図をみたうえで、組織が複雑すぎること、また、組織を設立するにあたって、学生の要求と関心に関する詳細な調査がなされるべきだ、と要求した。また、一切の立法権能を持たず、学生の問題と大学の関心事についての考えと情報を交換するために、学生の代表と教授陣の間で定期的に行われるような教授―学生評議会（faculty-student council）を設置するべきだ、と要求した。これに対して藤村と延時は、教授―学生評議会を設置することは、お互い立場の異なる教授と学生間の感情をよりよいものとするために、効果的な方法となるだろうと認めた。

また藤村と延時は、新たに組織される学生自治会にとって最大の危機は、共産主義的学生がもっとも活動的であるため、彼らの代表が自治会の中央委員会に選出される傾向にあることだと感じていた[62]。ホスプは彼らに対して、学生の興味関心を刺激するような努力を続けるよう要求した(63)。

一九四九年一〇月、数回にわたる同学会と各学部自治会との連絡会議の後、一一章八〇条からなる改組案を完成させた。おもな条項は以下のとおりである。


（第三条）会員は京都大学の学生とす。

（第十一条、第十二条、第十三条）代議員会は本会の最高決議機関であり、全学学生生徒より直接に選挙され、会員五十名につき一名の割合で選出され、任期は一年で、選出地区の全会員の六分の一以上に解職を請求され、同地区三分の一以上の投票を得てその過半数の決議により罷免される。

（第三十条）執行委員会は代議員会の決議にもとずき本会の会務を執行する。

（第五十六条）代議員会の決議は終局的に各学部自治会を拘束しない。

（第六十条）学生自治に関する重要事項につき教職員学生協議会をもつ(64)。


ここで注目すべきことは(1)会員が学生に限定されたこと、(2)代議員制がしかれ、従来の部を中心とした組織が改められたこと、(3)教職員学生協議会が設けられたこと、の三点である。(1)について、一九四六年一二月の規約改正においては、教職員・卒業生が特別会員となることを認めていたが(65)、これによって完全に学生のみの組織になったのである。(2)について、従来の同学会組織は戦前の学友会の名残から部とのつながりが強かったが、これによって広く学生の意見を集めることができる組織になったといえる。(3)について、従来の顧問制度においては、学生側が顧問である教職員の意見を聞くようなかたちになっていたが、これによって学生自治の重要事項に限定されてはいるものの、教職員と学生が互いに「協議」しあう場が設けられたのである。(3)に関しては、前述のホスプからの助言が同学会改組案に影響した可能性は十分にある。ここにおいて、同学会は戦前の学友会の伝統を引き継ぐ組織から、戦後の各学部、全学生をまとめる全学学生自治組織へと改編されたのである。

第四節　全京都民主戦線統一会議への加入と平和擁護運動

（一）全京都民主戦線統一会議への加入

前節で述べてきたように、一九四九年における二つの「京大事件」以降、同学会と学部自治会は歩み寄りをみせ、学生の意見を吸い上げるという意味での学生自治会組織へと本格的に組織改革が進められていった。しかし一二月の協議委員選挙よって、同学会委員の過半数が共産党細胞を中心とする「統一民主戦線」グループによって占められ、藤村と延時はわずか半年で退任することとなった。[66] CIE会見録によると、五〇年一月二〇日、延時はタイパーのもとを訪れ、同学会の選挙結果について報告した。延時はこの選挙結果に強く失望し、共産主義と闘うために彼自身の卒業を遅らせるという希望も述べたが、タイパーは彼自身の職業準備のためにも、そのような計画は再考すべきだと促したようである。[67] 新しい同学会は五〇年初頭に全学連調査委員会を設けて、全学連との共同闘争を決議し、四月二六日の代議員会においてほぼ満場一致で全学連加入を決議した。ここにおいて、同学会は約九カ月ぶりに全学連へ復帰することになった。

またこの時、全京都民主戦線統一会議（京都民統）への加入も同時に決議している。全京都民主戦線統一会議とは、一九五〇年一月二五日に日本共産党・社会党をはじめ、京都府内の労働組合・農民組合・市民団体・学生団体・婦人団体・青年団体などが結集して誕生した地域統一戦線である。[68] 京都民統は同年二月一〇日の京都市長選挙で社会党の高山義三を推薦し、四月二〇日の京都府知事選挙では蜷川虎三を推薦し、ともに当選させていた。高山も蜷川も京大の卒業生であり、蜷川は二七年より経済学部助教授となり、学部長も務めた人物である。同学会が京都民統への加入を決議する二日前の四月二四日には、六月の参議院議員選挙の統一候補として、四八年に早稲田大学教授に復職していた大山郁夫（**第六章**参照）を推薦することを決定した。同学会では、「昨年の厚生女学部、全学連事件でもし民主統一戦線から知事、市長が出ていたならば、警官の学内侵入は起らなかったであろう」として、京都民統への加入と参院選での大山の推薦を決議している。[69]

五月一〇日に開催された京都民統代表者会議には、労働組合・市民団体らとともに京大同学会も参加している。[70] 以後、京大同学会は全学連・京都民統と連携しながら、参議院選挙闘争も行いつつ、[71] 平和擁護運動やレッド・パージ反対運動に取り組んでいく。

（二）平和擁護運動とレッド・パージ反対運動

一九四九年から五〇年にかけて、京大においてもレッド・パージ反対運動が行われるが、それはレッド・パージ反対を全面に掲げたものというよりは、平和擁護運動の一環として繰り広げられていく。以下、その様相について述べていく。

ほかの多くの国立大学同様、イールズは一九四九年一一月二八、二九日に京都大学でも講演を行っている。その際、学生団体より公開質問状が提出されてはいるが、以下のような鳥養利三郎総長の計らいにより、特別な事件も起こらずに済んでいる。鳥養の回想によると、イールズ講演当日の様子は以下のとおりである。

近畿地区の学校（大学、単科大学）の責任者を集めて「大学の自由と共産主義」と題する講演をした。内容は、共産党は、狂犬病にかかった犬のようなものだから、かまれたらおしまいだ。共産党に所属している教授はすべて首を切れ。というような意味のものであった。私は、そのとき冗談まじりに、狂犬病にかかったら助からぬことはわかるが、それと共産党との関係については私にはわからない。狂犬病までの話は賛成するが、そのあとの話には賛成できないと発言した。出席者一同大笑いになって、それ以上特別の事件も起こさずに済んでしまった。[72]

同学会においてイールズ声明反対の動きが表面化するのは、全学連への加入を決定した五〇年四月以降のことである。同年五月、東北大イールズ事件が起こると、広谷喜一郎同学会中央委員長は「東北大事件は本質的には日本の植民地化、軍事基地化に反対する抵抗運動」として、東北大の運動を支持したほか、[73]広谷委員長名の抗議文を東北大学長および天野貞祐文部大臣宛に送付している。[74]

そのような中、同学会主催で五月一六日から二三日まで開催された平和文化祭の中で、平和投票が行われ約五、四〇〇票が投じられた。最終日に開催された平和大会にてその結果が報告されたが、イールズ声明に対しては、(1)「学問思想の自由を破る」が七五・〇%、(2)「大学を反動主義者の支配にまかすことになる」が六五・二%という結果になった。[75]平和大会ではその後議事に入り、平和宣言を発表したが、その中でイールズ声明について以下のように言及している。

我々は現在我が国に横行する学問思想に対する陰に陽にの抑圧《(ママ)》こそ戦争を準備し戦争をしかける行為であることを認めるがゆえに、イールズ声明に反対し学問と思想の自由を守ることを決意するものである。[76]

以上のように、教授追放反対を全面に押し出した東大の場合とは異なり、平和擁護を全面に出す中で、イールズ声明反対を述べている。これは大学当局や警察の取り締まりを避ける目的もあったであろうが、京都民統の運動と歩調を合わせる動きであるとも考えられる。[77]

同じ頃東京では、第三章第三節（三）で述べたとおり、全学連第四回臨時全国大会が開催され、イールズ声明撤回などを求めて六月三日に全国ストライキを行う決議がなされたが、京大では経・文・理・農学部と吉田分校が同日ストライキを行い、全学蹶起大会を開催した後、京都市内をデモ行進した。[78] ここまでは全学連に呼応していた同学会であったが、同年秋に行われたレッド・パージ反対運動では、全学連とは異なる動きをみせた。一〇月、全学連が一〇月二〇日の全国ストライキを呼びかけ、京大にもその対応が求められると、同学会は六日、中央執行委員会を開催し、ストライキではなくレッド・パージ反対投票と、第二回平和大会を開催することを決議した。[79] これに対して学部自治会からは反対の声も多く、経済学部自治会などはストライキ決議も行った。そこで大学当局は一三日に輔導会議を開催し、「ストに入つた場合は指導学生に対する適当な処分」を行う意向を表明した。以上のような状況から、同学会は同日、「一応目標を二十日におき、京大の情勢を考慮し、原則的にストを含む実力行使をもつて闘う」ことを決定した。[80] この決定に対し、大学当局は「本学は学生ストライキを禁止する。したがつてストライキを議せんとする学生大会およびストライキを目的とする一切の行為を許さない（後略）」などと書かれた告示第九号を発した。[81]

その後、全学連が方針を転換し、全国ストライキを断念して各大学の抗議集会に切り替えたことから、同学会は二一日にレッド・パージ粉砕抗議大会を開催することに決定した。これに対して大学当局は、「一般市民および学生たるを問わず学外人は入場せしめない」「メッセージは学生団体以外は一切許さない」「メッセージおよび大会宣言は事前に大学に提出してその承認をうること」などの条件付きで開催を許可し、輔導部長・学生課長臨席のもと大会は開催された。しかし実際には、大会中ストライキ決議や告示第九号撤回要求がなされ、全学連の代表がメッセージを発したため、委員長以下四名の同学会委員が停学処分を受けることとなった。[82]その影響もあってか、翌一一月に行われた大学法国会上程反対運動では、各学部主催の平和講演会や反対署名運動を行うにとどまっている。[83]

以上みてきたように、京都大学におけるレッド・パージ反対運動の特徴としては、(1)平和擁護を全面に打ち出したものであったこと、(2)大学当局と衝突することなく、基本的にはその指示のもと運動を行っていたことの二点があげられる。これには京都民統の活動方針や、教職員も学生も一丸となって闘う民主統一戦線の考え方が背景にあると考えられる。

小結

以上、京都（帝国）大学における同学会の再編過程と学生運動についてみてきた。同学会は一九四六年の組織再編によって一度戦前の学友会に近い組織に戻るかたちで改組された。しかし学友会以来の伝統で各部とのつながりは強いものの、各学部との連繋は脆弱であった。四八年、全国的な学生運動が盛り上がる中、その運動方針などで学部自治会・学生自治会連合組織と対立し、学部自治会からは同学会不信任案および改組案が出されるまでにいたった。それは、戦前からの伝統で部とのつながりが強く、学部学生の意見を吸い上げる組織になっていなかったこと、顧問制度を導入していたため、総長はじめ教職員の意向が少なからず影響する組織であったことなど、組織上の問題に起因していた。

そのような同学会と学部自治会との対立も、一九四九年における二つの「京大事件」以後歩み寄りをみせ、最終的には代議員制を取り入れることによって、一応の決着をみた。これについては、「外部の圧力から大学を守る」という意味での「大学の自治」の考え方において、両者が一致したためであると考えられる。また、四九年の同学会再編に際しては、正副委員長がＣＩＥに赴いて意見を求めている。

一九五〇年には、同学会の委員が民主統一戦線のメンバーで占められ、全学連に再加入すると同時に京都民統にも加入して、労働組合など学生以外の団体と連携して運動を行うようになった。同年の共産党分裂の後は、京大細胞および同学会は主流派（所感派）に属し、レッド・パージ反対運動においても試験ボイコットなどは行わず、平和擁護運動としての側面を強く打ち出した運動を行った。

注

（1）前章の東京（帝国）大学同様、京都帝国大学と京都大学の二つの時期にまたがるため京都（帝国）大学と表記し、特別な場合を除いて京大の略称を用いる。

（2）「同学会規則改正ノ件」（京都大学大学文書館所蔵「一件書類綴」識別番号：学友会-63-12）。以下、資料群名と番号のみを記す。

（3）「同学会規則改正ノ件」（「一件書類綴」学友会-63-35）

（4）「協議委員の数は各学部正会員五百名迄に付三名とし以上三百名を増す毎に一名を加ふ
協議委員候補者の数は前項の規定に依り各学部正会員に付定めたる協議委員の数の二倍とし当該学部正会員中より之を互推す」（「京都帝国大学同学会規則（昭和十七年十月一日改正）」第四十五条）。
四五年一一月の推挙時における各学部の候補者の定員は七学部合計五八名とされている（「一件書類綴」学友会-63-36）。つまりその二分の一の数がこの時の協議委員の定員となる。

（5）詳細は本節（二）の**表2**参照

（6）「協議委員推挙立候補者氏名掲示ノ件」（「一件書類綴」学友会-63-43）

（7）「同学会改組案成る」『大学新聞』一九四六年二月一日

（8）同前

（9）「同学会改組案概略送付ノ件」（「一件書類綴」学友会-63-49）

（10）「同改組案は旧規則に依り今月中に総長学部長及びその他の同学会関係教授、全協議委員出席の下に協議会を開き承認を得、直ちに実行に移すはずである」（「同学会改組案成る」『大学新聞』一九四六年二月一日）

（11）「協議員宛依頼状発送ノ件」（「一件書類綴」学友会-63-62）

（12）「京大同学会改組へ」『学園新聞』一九四六年一〇月一一日

(13)「京都帝国大学同学会規則（一九四六年一二月四日改正）」第九条三
(14)「〔昭和二十一、二年度同学会協議委員選挙掲示ノ件〕」（「一件書類綴」学友会-63-94）
(15)「京大同学会改組へ」『学園新聞』一九四六年一〇月一一日
(16)「中央委員長は本会を代表しその事業を統括する」（前掲「京都帝国大学同学会規則（一九四六年一二月四日改正）」第九条一）。
(17)「〔昭和二十一、二年度同学会協議委員選挙開票結果掲示ノ件〕」（「一件書類綴」学友会-63-96）
(18)前掲「〔昭和二十一、二年度同学会協議委員選挙掲示ノ件〕」
(19)「独善行政断乎排撃　末木総務抱負を語る」『学園新聞』一九四六年一一月一日
(20)「同学会いよいよ動く」『学園新聞』一九四六年一二月一一日
(21)「同学会規則改正の件」（「一件書類綴」学友会-63-97）
(22)「協議委員の数は各学部正会員六百名迄につき三名、以上二百名を増す毎に一名を加へ学部毎に公選される。但しその当選には別に定める得票数を必要とする。協議委員は協議委員会を構成すると共にその一部は各総部委員として所属総部の運営に当る」（前掲「京都帝国大学同学会規則（一九四六年一二月四日改正）」第九条三）
(23)「中央委員長は本会を代表しその事業を統括する」（前掲「京都帝国大学同学会規則（一九四六年一二月四日改正）」第九条一）
(24)「全学生組織の一元化」『学園新聞』一九四六年五月一一日
(25)一例をあげると、第三高等学校においては「制裁ハ協議会ニ於テ正確ニ事実ヲ調査シ実際ノ情状ヲ酌量シ道義ニ基キ公明ニ之ヲ加フヘキモノトス」とされていた（「第三高等学校寄宿生規約」一八九七年、第十五条）。
(26)住谷悦治・高桑末秀・小倉襄二『京都地方学生社会運動史』京都府労働経済研究所、一九五三年、二五一—二五二頁
(27)「学生案を提議」『学園新聞』一九四八年五月一七日
(28)前掲『京都地方学生社会運動史』二五二—二五三頁
(29)一九四八年六月一六日の全官公自治連の結成大会における「教育復興闘争についての決議」によれば、学

生側の要求項目は①文教予算の飛躍的増額（一、〇三〇億円）、②学生生活の破壊反対（授業料値上げ反対など）、③教育制度の改悪反対（B・T案反対など）、④学問の自由と学生自治運動への干渉弾圧反対、の四点に大別される（山中明『戦後学生運動史』青木書店、一九六一年、五〇頁）。

(30) 「〔同学会協議委員会議事録〕」（学友会-62）一九四八年二月二〇日付

(31) 「京大妥協案提示」『学園新聞』一九四八年六月二一日

(32) 一九四八年二月一日、関西地区の四八の大学・高専の学生自治会によって結成された。同学会は準備会において規約作成を一任されており、また結成式において京大が常任委員長校に決定している（前掲「〔同学会協議委員会議事録〕」一九四八年二月六日付）。

(33) 「関西自治連　理事会案反対を決議」『学園新聞』一九四八年五月三日

(34) 同前

(35) 「京大ストを回避」『学園新聞』一九四八年六月二八日

(36) 日教組大学高専部は一九四七年一一月より、文部教職員と地方教職員との待遇差是正を求めて文部省と交渉を行った。しかし四八年七月、交渉が決裂したことによりスト突入が決議された。京大職員組合はこの決議に従い同月二七日ストに入る旨、鳥養総長に通告した。これに対して総長は、組合に対し深刻な反省と善処を要望した（「スト決行まで」『学園新聞』一九四八年八月一六日）。

(37) 「スト反対声明」『学園新聞』一九四八年九月二〇日

(38) 前掲「〔同学会協議委員会議事録〕」一九四八年八月四日付

(39) 「授業料不払いは一考を要す」『学園新聞』一九四八年五月三一日

(40) 「井上学生部長談」『学園新聞』一九四六年一一月一日

(41) 前掲「スト反対声明」

(42) 前掲「〔同学会協議委員会議事録〕」一九四八年一一月一二日付

(43) 一九四五年四月から開設された看護婦養成学校。給費制であるかわりに、当初、卒業後の京大病院への服務義務年限が制定されていたが、四八年四月から撤廃されていた。

(44) 「厚生女学部卒業生不採用問題の経過」（「厚生女学部卒業生不採用問題関係書類　昭和24年」01A00051）

(45) 「同学会反対意志表明」『学園新聞』一九四九年五月一六日
(46) 『京都大学百年史』総説編、一九九八年、一二四六―一二四七頁
(47) 前掲「〔同学会協議委員会議事録〕」一九四九年五月一二日付
(48) 「同学会共闘と握手」『学園新聞』号外、一九四九年五月二〇日
(49) 「全学連を引入れた共闘委の行き過ぎに対する批判は漸次高まり当初から共闘不参加の医、農を除き同日法学部、附属医専は共闘を脱退、工学部および急進的といわれた経、理両学部も脱退の意向強く、共闘委は共産党細胞約十名を除き完全に全学生から浮いたかたちとなり、約二百名をいわれる京大細胞内部においてすら批判分裂の形勢にある」(「全学連を脱退　共闘委解散決議　京大同学会が自治再建へ」『毎日新聞』大阪版、一九四九年六月六日朝刊)。
(50) 「新学生組織の機運　京大共闘委脱退の学部相次ぐ」『毎日新聞』大阪版、一九四九年六月七日朝刊
(51) 「学園の自由を守れ!!全学学生大会わく」『学園新聞』号外、一九四九年五月二〇日
(52) 「警察力は入れぬ　総長の回答」『京都新聞』一九四九年五月二〇日
(53) 「〃大学自治の干渉に非ず〃警察権の発動に滝川法学部長談」『夕刊京都』一九四九年五月二一日
(54) 「『大学の自治』とは何か　京大法学部長滝川幸辰」『夕刊京都』一九四九年五月二六日
(55) 前掲「厚生女学部卒業生不採用問題の経過」
(56) 「「十六年前」の自治」『朝日新聞』大阪版、一九四九年五月三〇日朝刊
(57) 「京大事件新段階へ　大学自治の方式を検討　少壮教授団の動き活発」『夕刊京都』一九四九年五月二一日
(58) 同前
(59) 「新同学会発足す」『学園新聞』一九四九年七月一八日
(60) 前掲「〔同学会協議委員会議事録〕」一九四九年七月七日付
(61) "Student Government Activities at Kyoto University" 28 July 1949. *GHQ/SCAP Records*. CIE(D)00328
(62) 同前
(63) 同前
(64) 「成るか全学自治会　同学会改選近く決行」『学園新聞』一九四九年一〇月三一日

(65)「特別会員は京都帝国大学の文部教官(一、二級)事務官(一、二級)技官(一、二級)ならびに入会を申出たその他の教職員および卒業生とする」(前掲「京都帝国大学同学会規則(一九四六年一二月四日改正)」第五条)。
(66)「京大同学会選挙終る　左派過半数を獲得」『学園新聞』一九五〇年一月一日
(67)"Student Government at Kyoto University." 20 January 1950. *GHQ/SCAP Records*. CIE(A)02885
(68)小柳津恒『京都民統の思い出』一九七七年、四二―四三頁
(69)「全学連加入を決議　参院選挙に大山郁夫氏の推選も」『学園新聞』一九五〇年五月一日
(70)小柳津前掲書、一七一―一七二頁
(71)参議院選挙闘争については、小柳津前掲書第三章「民統と参議院議員選挙」を参照。
(72)鳥養利三郎『敗戦の痕』一九六八年、六五頁
(73)「学生を支持す　東北大学事件で同学会声明」『学園新聞』一九五〇年五月一五日
(74)「同学会東北大学長に抗議す」『学園新聞』一九五〇年五月二九日
(75)「〝全面講和〟へ九三%　京大学生平和投票集計成る」『学園新聞』一九五〇年五月二九日
(76)「平和擁護は大学の義務　平和宣言」『学園新聞』一九五〇年五月二九日
(77)福家崇洋は、京大平和文化祭の後、京都民統主催の平和擁護大会が開催されていることから、「京大平和文化祭も京都民主戦線に呼応するものだったと考えられる」と述べている(福家崇洋「一九五〇年前後における京大学生運動(上)」『京都大学大学文書館紀要』第一三号、二〇一五年、一〇頁)。
(78)「豪雨をついてデモ　六・三ストその日の京大に拾う」『学園新聞』一九五〇年六月一二日
(79)「廿一日に平和大会　同学会赤追放で闘争へ」『学園新聞』一九五〇年一〇月一六日
(80)「学校側も強硬　レッドパージ粉砕抗議大会迄」『学園新聞』一九五〇年一〇月二三日
(81)「公正な意志表示を　告示第九号」『学園新聞』一九五〇年一〇月二三日
(82)「嵐の中に〝決起大会〟開く　四学生を懲戒処分」『学園新聞』一九五〇年一一月一日
(83)「反対署名運動など　京大同学会漸く闘争態勢へ」『学園新聞』一九五〇年一一月二〇日

第六章

早稲田大学における学生自治会の結成・再編およびその活動

第一節　発足当時の自治会規程・機構、およびその活動

早稲田大学においては戦時中、学校報国団ではなく学校報国隊が組織された。一九四一年八月の「学校報国団体制確立方」（文部省訓令第二七号）によって組織された早稲田大学報国隊は、四五年五月の「戦時教育令」（勅令第三二〇号）により廃止され、代わって早稲田大学学徒隊が組織された。学徒隊は学徒勤労動員のための組織であったため、戦後学徒勤労動員の解除によって事実上廃止された。[1] つまり早稲田大学には、東大・京大とは異なり、戦後の学生自治会のベースとなる組織が存在しなかったのである。しかし、そのような状況下で、数年内に学生自治会を結成させ、全国の私立大学学生自治会の中心的存在にまでなっていった。本節では「早稲田大学本部書類（続の2）」（早稲田大学歴史館所蔵）などの一次資料や『早稲田大学新聞』[2] などの記事を用いて、その様相を明らかにしていく。

（一）早稲田大学学生自治会の発足

早稲田大学においては一九四五年一二月、大学主導で学友会が設立された。四五年の事業報告には、学友会の設立について以下のように記されている。

十二月一日学友会ヲ設立、学生ノ自治的活動並ニ品性ノ陶冶ニ裨補シ、併セテ学校教育ノ補充的機能ヲ発揮シ校風ノ振作ヲ図ラシムコトトセリ。

十二月七日新タニ学生団体規程ヲ制定、研究修養又ハ演練ヲ目的トスル学生ノ諸団体ニシテ学友会ニ所属セザルモノニ対シ之ヲ適用スルコトトセリ。(3)

以上の記述をみると、「学校教育ノ補充的機能」「校風ノ振作ヲ図ラシム」の文言から、第二章第一節（一）で述べた文部省通牒「校友会新発足ニ関スル件」を受けて大学側が学友会を設立したことが見受けられる。また学生団体規程について、「学生ノ諸団体ニシテ学友会ニ所属セザルモノニ対シ之ヲ適用スル」と書かれていることから、学友会は各学生団体の上位に位置する組織であることがわかる。しかしこれ以後、学友会の活動記録などは見当たらず、組織の実体はなかったとみられる。

これに対して、翌一九四六年の初めには早速、学生側から学生自治会結成の動きが起こってくる。四六年一月一五日には、各学部、専門部、高等学院その他附属学校の学生委員を一体とした連合学生委員会が発足した。(4)この連合学生委員会という名称は、第一章第三節（二）で述べた「早慶戦切符事件」の際、学内の学生委員たちが当局との交渉のために組織した連合組織の名称と同一である。この連合学生委員会に加え、一八日には文化会幹事会が、二二日には体育会幹事会がそれぞれ組織され、二月二六日に開催された学生大会において、その三者を一体化した学生自治委員会を設立することが承認された。(5)この時点ではまだ学生たちの間だけの承認であったが、五月二九日の全学学生大会において、学生自治委員会の公認と教授学生協議会の設置を求め、決議した。これに対して大学当局は「自治委員会は原則として之を認む」「教授学生協議委員会の承認に就いては各部科教授の総意を纏めた上で回答する」とした。(6)

以上のような経緯から、学生自治委員会は正式に大学当局から認められたのであるが、自治会規程に関しては、学生と大学当局との間に学生自治に関する意見の相違などがあり、なかなか成案をみなかった。そこで学生自治会規程起草委員会が設けられ、大学側からは中谷博学生厚生部長以下一四名の教員が委嘱され、学生側からも各学部、各科、各校および文化団体、体育会の代表者が委員として加わった。十数回の会合の後、さらに自治会規程小委員会を設けて細部を検討し、一九四七年二月に成案した。四月に部科長会にて「早稲田大学学生自治会規程」が一部条項を修正のうえ可決し、その後理事会にて正式承認された。このとき組織名も学生自治委員会から早稲田大学学生自治会に改められた(7)。

自治会規程第七条には、「本会は教職員との連絡を図るため、教職員学生協議会を持つ。教職員学生協議会の組織は別にこれを定める」という条文が加えられ(8)、一九四七年六月には「早稲田大学教職員学生協議会規程」が定められた。「学生自治会規程」および「教職員学生協議会規程」の具体的な内容と、初期の自治機構については次項で述べる。

(二) 自治会規程の制定と自治機構の設立

まず「学生自治会規程」をみていく。第三条において学生自治会は学生全員をもって組織することが規定され、その中から①自治委員─自治委員会、②中央委員─中央委員会、③中央執行委員─中央執行委員会、④代議員─自治議会を選出・組織することとなった(第四条)。委員については、各学級の学生二五人に一人の割合で自治委員が選出され(第十四条)、自治委員の中から一〇人に一人の割合で中央委員が互選され(第三十一条)、中央委員の中から各部科校二名ずつの割合で中央執行委員が互選される(第三十八条)ことに決定した。この中央執行委員の中から選ばれる中央執行委員長・同副委員長が、学生自治会の実質的なトップとなった。

そして代議員は自治委員と同じく学生二五人に一人の割合で選出され（第五十二条）、自治委員とともに自治議会を構成することとなった（第四十七条）。

自治議会の役割は、「本会の最高議決機関として全学生の自治に関する共通事項を議決し、全学生の総意を宣明する」ことであった（第四十五条）。自治議会の通常議会は毎年度前後期一回ずつ開催されることとなっており（第四十九条）、その閉会中は中央委員会が「全学生の自治に関する共通事項を議決する」こととなった（第三十二条）。自治議会の決議事項は教職員学生協議会に提示することになっており、必要あるときは「理事会に申達して回答を求める」こともできた（第五十一条）[9]。この「学生自治会規程」制定にいたる経緯について、教職員学生協議会初代議長である中谷学生厚生部長（文学部教授）は後年、以下のように語っている。

あれができたときのいきさつは、終戦直後、蜷川（早大全学自治会初代委員長）とか白土とかいう連中がああいうものを学校側に要求したことは事実だ。その結果理事会はこれを了承して成文化することのオーケーを理事会の責任において出したんだ。ところがその最初の学部長会議で学部長のほとんど全部が理事会に対して抗議を申し込んだ。（中略）おれはたまりかねて――教務主任は発言権はないんだが、たまりかねて発言したんだ。この理事会は終戦以来ろくなことを一つもやっておらん。失敗の歴史をつづけてきた。たった一ついいことをやったということは今度の自治会を認めるということだ。（中略）これが無言の圧力を加えて、ほとんど否定に傾きかけていたやつが、それがもう一度議を練るかな、ということになったんだ。そこで教師の方と学生の方から委員を出してこの設立何というか、規約をこしらえる委員会、準備委員会というものができたんです。[10]

以上のように、「学生自治会規程」は学生側の要求に応えるかたちで教職員・学生からそれぞれ準備委員を出して制定された。また、前掲引用文中にも出てくる、初代自治会中央執行委員長を務めた蜷川譲は、以下のように述べている。

早大では、これらの学生自治の実質的な力は大学当局をも動かし学生自治会規程を正式に校規校則と同等の意義と権威をもって認めることになった。

この学生自治の大憲章の獲得は、大正末期の学生運動以来三十年余の歴史的な闘いの成果であり、他の大学の学生自治会憲章のバイブルとさえなった。(11)

この「学生自治会規程」の制定が他大学の学生自治会にどれほどの影響を与えたかについては定かではないが、ほかの校規・校則と同等の効力を有してしたことは確かであり、その改正などについては部科長会(12)の議を経て理事会で承認を得る必要があった。

次に「教職員学生協議会規程」であるが、第一条において会の目的を「教職員と学生との意思の疎通をはかり、学生自治会の運営に協力し、本大学の教旨にしたがって学生生活の充実向上に資すること」と規定した。教職員委員は各学部・附属学校教授会が推薦した者と学生（生活）課長を合わせて一六名以内とし、学生委員も同じく一六名以内で、中央執行委員の中から互選されることとなった（第三条）。また、委員のほかにも理事その他職員が会に出席して意見を述べることができた（第五条）。議長（教職員）は会における「協議の結果をその都度大学に報告する」こととなっており（第十条）(13)、実際には部科長会を経て理事会に報告されていた。

同協議会の性格について、第二代議長を務めた平田富太郎は「一面、大学の理事会に対してはその諮問機関としての性格をもち、他面、学生自治会に対してはその顧問機関のような性格を有する重要な地位を占めていた」と述べている。[14] こうして、自治議会から教職員学生協議会を経て、部科長会・理事会へと学生の総意が伝達される仕組みができあがったのである。

以上述べてきたように、早稲田大学においては一九四七年六月までに学生自治会に関する規程類が整備され、同年五月には初の自治委員・代議員の選挙も行われた。その時選出された自治委員・代議員の総数は一、六〇〇名にものぼったという。[15] その新自治委員・代議員を擁して、六月二三日から三日間の予定で第一回の自治議会が開催されたが、停電や議場の混乱などによって進行が遅れ、会期は四日間となった。[16] この自治議会では次の一七項目が決議された。

(1)人事委員会の廃止と教授会の任免権の確立
(2)優秀教授の積極的招聘（大山郁夫等）
(3)選択科目制の採用と授業内容の拡充
(4)他校との優秀教授の交換
(5)教授の待遇改善を促進するため、①学校財政の全面的公開、②政府の国庫補助、③学校財政小委員会の設置と学生参加、④有給助手制の採用
(6)学生課の廃止と学生課長の免職
(7)各種実験室の新設拡充
(8)研究室の復興整備
(9)学内諸施設の清掃完備
(10)大隈講堂使用の限定および講堂使用委員会の設立

(11)「自由の鐘」および時計台の修理復活
(12)図書館の整理改善のため、①図書館管理委員会の設置、②図書館員の増員、③教職員への貸出の明確化、④貸出図書の早急返還
(13)文化会の承認と補助金の支出
(14)創立六十五周年祭の開催
(15)学生寮の改善
(16)学生ホールの改善向上のため、①価格の低廉化、②経営面の全面的公開、③学生の経営参加
(17)新学制に対する学校側の態度の公表[17]

しかし、その決議事項が上程されるはずの教職員学生協議会は一九四七年六月二一日に教職員委員が嘱任されたばかりで[18]、いまだ機能していなかった。そのため、決議文は一旦理事会へ提出され、総長から同協議会に諮問する形式がとられた。こうして初の教職員学生協議会は七月七日、九日の二日間にわたって開かれ、最後に議長から総長に報告書を提出することとなった。しかし自治会側と「教職員側と完全なる意見の一致を見る事はできず、又教職員側においても教授会の権限が理事会に比し余りにも小さきことを感じた教授もあり、紛そうを極めた」ようであり、自治会側は「我々は理事会に回答を求めるのであって、何んら協議会にこれを求めるのではない」と声明を発したようである[19]。その後一一日に総長から中央執行委員長宛に、前掲一七項目の決議に対する回答がなされた。その内容の多くは「実施中」「進行中」「努力中」というものであったため、自治会側はこの総長側の回答に納得せず、次回自治議会で再び討議することとした[20]。しかし、一一月四日から三日間の予定で開催された第二回自治議会は、出席委員の数が定足数に満たなかったため流会となった[21]。仕切り直しで一二月一日、二日に再開された第二日目以降も「両日とも議事審議半ばにして流会」となったよ

うであるが、それでも①授業料値上げ問題、②文学部講師嘱任拒否問題、③新学制問題、④自治会規程改正、⑤教職員学生協議会規程改正の五項目を決議している。[22] だが、これら五項目について教職員学生協議会で議論された形跡は見当たらず、④⑤のみが翌四八年三月二日の部科長会において議論され、承認されている。[23]

以上述べてきたように、早稲田大学では一九四七年、全国の大学に先駆けて学生自治会組織を作り上げたが、その運営については二回目から自治議会が流会するなど困難を極め、結果わずか一年で代議員—自治議会制度を改革することとなった。また、教職員学生協議会も初年度はあまり機能しておらず、権限も低かったことから、理事一名を加えるなどの改革が行われた。実際に教職員学生協議会が機能し始めるのは、これらの改革が完了し、新年度に入ってからのことである。

(三) 発足当初の活動

①大学改革・学生生活擁護問題への対応

発足したばかりの学生自治会がまず取り組まなければならなかったのは、戦後の大学改革と学生の生活擁護問題への対応であった。一九四六年二月二六日に開催された全学学生大会においては、学生自治委員会の承認のほか、「学生代表ノ校規改正委員会ヘノ参加」「理事ノ改選」「総長選出ニ際シ、学生ノ意志ヲ反映セシメタル」「消費組合ノ即時結成」などが決議された。[24] これらの決議は翌二七日に自治委員会中央委員数名によって、林癸未夫常務理事に提出されたが、「「自治」の本義を誤らぬこと」「校規参画は明に学校行政への参画であり、早大で先例をつくることは考慮すべきである」「消費組合は前例からみて大なる効果はないであろう」などという回答であった。[25] また、三月一二日には、校規改正起草委員会に対し、教授会の権限の大幅拡充を要望するなど、具申案を提出している。[26]

また、学生生活擁護問題に対しては、三月二一日に臨時の中央委員会を開催して対策を協議し、以下の建議事項について学校当局の意見を求めることにした。

（一）授業料値上は実質的学生生活の破壊を伴ふ恐れがあり、一応真剣に反省せられたきこと。
（二）学校経営の真に困難なる所以を、具体的な予算につき説明ありたきこと。
（三）現下の食糧事情、新円生活の困難から、何等かの方法で働きつつ学び得る体制を考慮実行されたきこと。[27]

以上の建言は翌二二日に林常務理事に提出され、常務理事からはなんらかの方法を講ずる旨の確約を得た。また、一九四六年度初めには、学校当局から三〇万円の財政的援助を得て、学生自治委員会共済部のもとに消費組合を発足させた。消費組合は、総務部・食堂部・喫茶部・食品部・学用品部に分かれ、学用品部に関しては、五月一日から営業を開始した。[28]

以上のように、発足したばかりの早稲田大学学生自治会の活動は、目前の大学改革および学生生活擁護にほぼ終始していた。一九四七年に入り、それが一旦落ち着くと、②で述べる大山郁夫帰国促進運動を展開していった。

②大山郁夫帰国・帰校促進運動

第一章第二節（三）で述べたとおり、大山郁夫は元政治経済学部教授であり、一九二六年一一月に労働農民党の中央執行委員長の推薦を受諾したために大学側が辞職を勧告し、大山が会長を務めていた早大社会科学研究会の学生・卒業生などが中心となり留任運動を起こした人物である。大山は二七年一月に早稲田を辞職した後、労働農民党委員長としての活動に邁進していき、三一年に全国労農大衆党が結党されたことを契機に委員長職を退いた。その後大山は、世界の諸事情を知り、日本の運動を科学的に研究するため、外遊に出ることにした。三二年三月、大山は妻とともに半年の予定でアメリカに出発したが、国内に大山暗殺の動きがあったこと、日本の軍国主義化が加速してついに戦争に突入したことから、以後一五年にわたってアメリカで亡命生活を送っていた。

一九四六年二月に早稲田大学教員、社会党・共産党関係、労働組合関係の有志によって大山郁夫帰国促進会が結成されると、学内においても学生自治会の有志を中心に、学生たちの手によって大山郁夫先生帰校促進会が結成された。大山郁夫先生帰校促進会は同年六月、大山郁夫帰校促進大会を開催したほか、アメリカにいる大山と手紙のやり取りを行うなど、大山の帰国・帰校に向けての準備を行った。

大山に会ったことすらない戦後の学生たちが、なぜ大山を帰校させるために動いたのか。その理由は、戦前期に大山の教えを受けた早稲田の教員たちが、学生たちに大山のことを語っていたためである。例をあげると、当時日本女子大学教授で早稲田大学講師でもあった市村今朝蔵は、真実・真理の愛好者であった大山の人となりを、『早稲田大学新聞』誌上で述べている。[29] また、当時早稲田大学専門部工科教授で、戦後の学生自治会および共産党早大細胞の指導にあたっていた松尾隆は、「早大における大山郁夫教授の足跡、反戦、平和の壮絶なたたかい」について学生たちに語っており、次第に「学生の間に大山の名は、反軍国主義のシンボルとして意識されるようになった」という。[30] 戦後間もない頃から学園民主化や反軍国主義の運動を行っていた学生たちにとって、反軍国主義者であり、大正デモクラシーのオピニオンリーダーと言われた大山は、まさに憧れの存在となっていったのである。

こうした学内外の運動の甲斐あって、一九四七年一〇月、大山は無事帰国を果たした。同月二八日には大学と学生自治会の共催により帰国歓迎会が開催されている。会場となった大隈講堂は学生たちで埋め尽くされ、中に入れなかった学生たちも多数いたとされる。同月三一日、政治経済学部は正式に教授復帰を要請し、大山もこれを快諾した。

一九四八年四月に復職を果たした大山は、教授として教育・研究を行う一方、学内外で講演活動を行うなど多忙な日々を過ごした。五〇年には、第五章第四節（一）で述べたとおり、京都民統の支援を受けて参議院議員選挙に当選し、政治家と大学教授の両立を果たしている。また同年、教育機関にレッド・パージの動きが起こると、学生たちは大山を始めとする「進歩的教授」を守るための運動を展開する（一九五〇年早大事件）。大山もまた、病身にありながら、同事件で逮捕・起訴された学生たちの特別弁護人として法廷に立っている。これについては第四節（三）で詳述する。

第二節　一九四八年の学生運動と教員側の対応

（一）教育復興闘争における自治会の動きと教員側の対応

第三章第三節（一）で述べたように、一九四八年には「授業料値上げ反対運動」「大学理事会案（B・T案）

反対運動」、およびそれらに端を発する大規模な学生運動が全国的に頻発した。そして、それらの運動を通じて全国の学生自治会が結集し、全学連などの全国的な連合組織を形成した学生運動史上重要な時期でもある。この年の五月二〇日、文部省は国立大学高専の授業料を六〇〇円から一、八〇〇円へ三倍値上げすることを通達し、私立大学にも同様に授業料値上げの動きがみられた。

これに対して学生たちは学生自治会の連合組織を作り、「不払同盟」を組織するなどして反対運動を行った。六月一六日、全国官公立大学高専自治会連盟（全官公自治連）の結成大会において、授業料値上げ反対、B・T案国会上程反対、文教予算の獲得などを要求して、通らなければストライキに突入することが決議された。そして二六日、全国一斉で一一四校がストに入り、約二〇万人が参加した。授業料値上げ反対運動、大学理事会案（B・T案）反対運動は、全国の大学・学生を巻き込んだ「教育復興闘争」へと拡大していった。

早稲田大学学生自治会はこの「教育復興闘争」および学生自治会連合組織の結成において中心的な役割を担っており、六月二三、二四日に開催された第三回自治議会においても、全国一斉ストライキへの参加に向けて「26日スト賛否」などが討議されている。[31]そして実際にストライキに突入した二六日には午前中に教職員学生協議会、午後には部科長会が開催され、ストライキの是非について議論されている。以下、部科長会における議論を引用しておく。

（師岡）大理は参加せぬ、脱退してもよい。
（伊地知）大商も大体反対だ。
（酒井）反対だが自治議会に従う。
（中村）数に於いて決まったが、自治委員会を開く。

（伊藤）反対。決まったら議会を尊重する。
（松尾）各クラス毎に大会を開いて、議会に出る委員にクラスの意向を反映させる。最終的な決定は議会だから之に従う。

（中略）

（理基礎教務主任）一般学生の意志が自治議会を尊重するかどうか。
（小口）賛が多かった。
（樫山）賛否半ばで流会。
（専門学校）６００：５００位で賛成が多かったが流会。
（高部）自治の訓練である。教育の立場から。
（吉田）学生がもってきたものを認めるかどうか。

（中略）

（伊地知）私は授業に出る。
（吉田）私はストを認めない。
（伊　）私は親であり兄である立場でやりたい。
（末　）私はいけないとまとまれば教育的見地から掲示を出すべきだ。

（中略）

（平田）ストはわるい。他の方法は？
（伊　）学生は学問が大事だ。
（大浜）対政府問題だから、他に方法はないのではないか。

（酒井）わるいことをやりのけている。わるいことをたしなめるといけない。あとで反省させる。

（不明）主旨はいいが手段がわるいとなれば、わるいことをはっきり指摘した方がいい。

（議長）一応文章を練った上で掲示する。（決定）[32]

〔名前の空欄は原文ママ〕

以上の教員たちの議論をみてみると、「教育の立場」「教育的見地」という言葉が散見される。自治議会の決定を尊重しようとする者、ストライキという手段が悪いことを示そうとする者、いずれも教育的見地・立場から議論をしていたことがわかる。この問題については前掲議事録のとおり、ストライキを非難する掲示を出すことで一旦落ち着きをみせた。授業料値上げについてはその後の九月、一〇月の教職員学生協議会でも教職員委員と学生委員との間で議論が進められた。九月一七日の協議会においては、池原義見常任理事が学生と以下のような対話をしている。


（学生）教職員と学生の利害が対立しているとはいえない。国庫で或る程度融資して貰いたい。学校は長く存続するが学生は短い。多くの子弟が学べることは必要だ。

（池原）苦しいという点では同じだ。授業料の□□は今のべたとうりである。経常費ではいくらかでもあましている。□□□□に800万円近い金があった。免税問題をどうしてもものにしなければならない。

（学生）苦しくない人も今いる。僕らのとるのは学校をつぶそうというのではない。

文教政策は□□だからこれをついてるのだ。学校と対立したくない。だが理解して戴けないなら。

やはり学生生活の□□、学園の再建、単に私立大学の在り方として問題にする。それを要求する権利も義務もあるのではないか。それをやらない限りいつまでも解決がつかないのではないか。教職員のたいぐうも考えてる。それがなければ学生も効果がない。今ここでやらなければならぬ。授業料値上げの問題もそれで考えている。時間的ずれがあるかもしれぬけれど。

（池原）君の言うとおり。

（学生）このままつづけば学費がいくらになるかわからぬ。単位の（新制）問題でアルバイトが出来ない。

（池原）私学の在り方という問題だね。学校では□□を□くするためにつとめてたということはいえる。

（学生）その点はよく了解している。[33]

以上の議論をみていると、授業料値上げ問題に対して、池原常任理事、学生ともにお互いの立場や意見を尊重している様子が見受けられ、実際に授業料四―七割値上げで学生たちも納得していたようである。[34]

（二）全学連結成後の学生運動と教員側の対応

しかしその直後から状況は一変し、一九四八年九月一八日から開催された全学連結成大会においては、授業料値上げ問題に関して「国庫補助を官公私各学校団結して要求する。これらの要求が具体的に貫徹される迄は不払をもってたたかう」ことが満場一致で確認された。[35] また一〇月に入ると、一日に自治会中央委員会は、当局の授業料値上げ公示に反対闘争方針を決定し、六、七日には第二高等学院で授業料値上げ反対をめぐって試験ボイコットが行われた。[36] また、八日に学生の政治運動を制限する文部次官通達「学生の政治運動について」（発学四五八号）が発出されると、それに対する反対運動も活発化していった。しかしそれらを議題として取り上げるはずであった第四回自治議会（一二、一三日開催予定）は定足数に満たず流会してしまい、それに代わって中央委員会（日付不明）で次のような決議がなされている。

一、学生大会を十六日（土）十時半講堂前に於て開催し、一時半より学生行進を実施すと決定

二、九日《（ママ）》附の文部省通牒に対し全面的に反対。尚学生行進当日文部省に撤回を要求する事に決定

三、実行委員会（中央執行委員会を含む）を確認

四、すでに各大学に認められてゐるにも拘らず、早稲田大学に於て共産党細胞が公認されてゐないが、これは今回の次官通牒の学内に於ける□□例として抗議し公認を要求に決定[37]

以上四項目をみると、学生大会およびその後の学生行進についての決議に加えて、共産党細胞の公認要求がなされている。こういった動きは従前の自治議会・中央委員会の決議にはみられなかったものである。早稲田大学の共産党細胞は一九四六年四月頃結成され[38]、六月の全国一斉ストライキ後に入党者が急増し、四七年四月から四九年にかけて二〇〇名を超えたようで[39]、これが自治会の方針にも少なからず影響を与えていたと考えられる。これに対して教員側は一九四八年一〇月一四日、緊急部科長会を開催し、「学生自治会に於て十月十六日開催の表記大会については、十五日午後三時三十分総長、常務理事及び各部科校長と学生自治会側（各部科校中央委員二名、議長又は副議長一名）との懇談会を開き、この大会を認めない大学の意向を伝え、反省を求めてこれを中止せしめる」と決議した[40]。また、学生大会前日の一五日には、島田孝一総長名で次のような「告示」が出された。

告示

本大学は、教育の一方途として学生の自治的訓練に資し、併せて学生生活の充実向上に寄与する目的をもって、さきに、学生自治会規程及び教職員学生協議会規程を制定実施したが、およそ学生の自治活動は大学の教育方針と諸規則に反しない範囲内において営まれねばならないことは当然であって、学生自治会規程の定める各種の委員会（自治議会を含む）といえども、これに反する行動をしてはならない。同盟休校又は試験回避の決議の如き学生の本分に悖り大学の規則に反する決議は、たとえそれが教育復興運動を理由とするものであっても、その効力を認めることはできない。

学生諸君は、この道理を認識し、去就に迷うことのないよう要望するとともに、敢えてかかる違法な決議の強行を企て一般学生の就学を妨害するが如き所為のないよう戒心を望む。[41]

続いて同日、早稲田大学名で翌一六日の学生大会について部科長会の議を経てこれを承認しない旨を示した「告」が発表された。以上の「告示」・「告」を踏まえて部科長会代表と自治会代表とによる部科長学生懇談会が開催された。その時の部科長会代表と自治会代表の議論は以下のとおりである。

先づ学校側より十六日の学生大会のあり方等につき質問あり。これに対して学生側より、

一、他団体からメッセージ等を挙げない。

一、明日の行進は他の学校とは独立して早稲田の学生のみで行う。

一、学生大会は中央委員会の決議事項を学生に浸透させるために開催する。

一、明日の大会に集まる学生の数は約五千と見ている。□て集まる学生は特定の学生ではない。

一、大会並に行進は十五日決行の予定であったのが一日後れて十六日になったが、休暇にならない内にやった方が目的を全学的に浸透させることがよりよく出来ると考へたためである。

等の答弁あり。

（中略）

茲に於て学校側より、

一、学生大会は自治会規定に基いた大会でなければならない。

一、突発的に起る大会のあり得ることは認められるが、一般には規定にもとづいてやるべきである。

一、学生運動は必然的に学校当局に責任が及ぶものであるから、この点をはっきりしておきたい。

等の言明あり。

次でデモ行進についての質疑に入る

（中略）

スローガンで特に問題になったのは、

一、スローガンが二段になってゐること（早稲田だけのものと、全国的なものと）

一、「労農市民との提携」「植民地的文化政策反対」

一、私学法案反対

の三点であった。

特に「植民地的」という言葉は、占領政策の批判と考へられる表現であること、こういう運動は世間ではアンチアメリカと考へられること、等につき学校側より注意あり。表現の仕方について注意するやう要望。

尚私学法案反対については、目下立案中のこの法案には、大浜法学部長も□□されてゐるが、この法案は私学として賛成すべきものも多く含んで居り、これに反対することは面白くない、深く研究してほしいと要望[42]。


以上の議論をみると、部科長会代表は学生大会・行進が他大学や「他団体」との連携のもと行われること、および占領政策批判に該当することを懸念していることがわかる。「私学法案」とは私立学校法案のことであるが、これについては学問の自由と私学の自主性をそこなうものとして、国会上程を阻止することが学生たちの教育復興闘争のスローガンの一つとなっていた。一方、引用文中に出てくる大浜信泉法学部長が副委員長を務めていた日本私学団体総連合会は、私立学校法案を構想し、形式上政府案として国会に上程するよう規定の整備を行っている最中であったため[43]、大浜ら部科長会代表と自治会代表との意見が対立するかたちとなった。

続いて総長「告示」に関する議論に入り、以下のような質疑応答がなされた。


先づ、総長告示について総長より説明あり。次で告示中の字句。(1)この道理、(2)一般学生の就学を妨害、(3)たとへそれが教育復興運動を理由とするものであっても、(4)当然であって、等の字句について質疑応答あり。

尚総長より
一、告示は総長個人の見解ではない。
一、教育復興運動で外部に働きかけることを総長としては賛成してゐない。
と答弁あり。

尚告示に対する学生側の意見の主なものは

一、執行部が一般学生を引張って行くといふ見地に立って居られるやうに見えるが、学生は皆自覚を以てやってゐるのであって、従ってこの告示は不適当と思われる。
一、学生の本分—固定したものでなく、時代と共に多少なりともかわって行くものと考へる。
一、教育方針と諸規則もかわると思ふ。よってこれは学生生活の充実と矛盾する場合があると思ふ。(44)

総長が「教育復興運動で外部に働きかけること」に対して反対の意を示した理由としては、前掲引用文（本書二一五頁）中にあるように「学生運動は必然的に学校当局に責任が及ぶもの」とみなしていたこと、および学生運動は学内において教育方針・諸規則に反しない範囲で行われるべきであると考えていたことがあげられる。しかし、自治会代表の認識としては、教育方針・諸規則は絶対的なものではなく、「学生生活の充実」のためにはそれに反する行動も必要であると考えていたため、ここでも部科長会代表と意見が対立する結果となった。

部科長会代表は以上の件について自治会代表の承諾を求めたのに対し、高橋佐介中央執行委員長は学生大会およびデモの中止の趣旨を全学生に納得させるため、学生大会を「告および告示を総長より聞く会」に変更することを決定した。その結果学生大会とデモは中止され総長説明会に切り替えられたが、「散会後告示に反対し、学生大会開催を叫ぶ一般学生の声で部科校別学生大会が開かれ」「一方自治会の態度に不満の学生はプラカードを立て丶校内デモを行」うという結末となった。(45)

これらを受けて一〇月二〇日臨時部科長会が開催され、一六日デモの問題、試験回避の問題、「告示」・「告」撤回要求の問題について議論がなされた。席上、渡鶴一第一高等学院院長から「たとえ自治会の名においてであろうと学則及び教育方針にもとることを決定しても之を認めない」という厳しい意見が出され、佐々木八郎教務部長からは「自治会規程については、明年は新制大学・学院と複数となるのでこれを如何にするか。改正するとしても、そこに到達するためには今回の処置は重大である」と、新制大学発足に向けて自治会規程改正を示唆する意見も出された[46]。

第三節　自治会規程改正論議から自治会「非公認」へ

（一）自治会規程改正論議

自治会規程の改定についてはその後、前述の学生大会中止を受けて再度開催が予定された第四回自治議会（一一月一二、一三日）、続く第五回自治議会（一一月一三日）があいついで流会したのを受けて、自治会側からも提起されるようになった。一九四八年一一月一二日の部科長会に、自治議会を成立させるため定足数三分の一を四分の一に改めたい旨、自治会から教職員学生協議会を通じて申し入れがあった。しかし部科長会の決議は、「審議の結果、代議機関の重要性に鑑み現行通りとすることにした」というものであった[47]。

また、第五回自治議会の流会直後の緊急中央委員会では自治議会対策として「成立定足数の改定、委任権の承認、開会時刻の変更等」が決議され、一一月二六日の教職員学生協議会において「自治議会を成立させる為に、夜間学生は出席不能であるから委任権を認められたい」旨、条件付きで承認された。それを受けて開催された二九日の部科長会において、平田富太郎委員は夜間学校である専門学校について「規程の改正は無理であるが、便法的に委任権を付したい」とする意見を述べた。しかしこれについて専門学校長である安部民雄委員から「専門学校は多数の学生がいるにも拘らず、自治会費は正当に使われていない。議会を土曜の午後に開くよう申入れても、とり上げず、関係のないことが決められてしまう。ボイコットが考えられている」との意見が出され、さらに大浜信泉委員から「教育方針に反するようなことを決議する議会の成立に便法はみとめられない」との意見が出された。(48) 結果として部科長会においては慎重審議の結果、規程の原則はこれを厳守することとし、各部科校で学生自治委員に対し自治議会が成立せられるよう指導することを申し合せ、否決されている。(49)

翌一九四九年に入ると本格的に自治会規程改正問題が議論されるようになり、教職員学生協議会においても、内容の詳細は不明であるが一月二六日と二月二五日の二回にわたって議論がなされている。(50) この間、自治会中央委員会において「学生自治会規程改正案」が練られ、三月七日に教職員・学生代表からなる改正小委員会に付託され、若干の修正を経て九日の協議会に提出されることになった。(51) これに対して三月四日の部科長会においては、理事会の提案により大浜を委員長として、各部科校から一名ずつの計一二名からなる学生自治組織研究委員会の委員が委嘱されている。(52) 同委員会はその後二日間で意見をまとめ、六日には「学生自治規程要綱」を「学生自治委員会委員長　大浜信泉」名で総長に提出している。

九日の協議会においては自治会提出の「改正案」が審議されることになっていたが、この時出席していた大浜らが「これに重要な関係を有する事について発言を申出でられたが、議長は委員にいづれを先行すべきやを問い、教員側と学生側の意見が一致せず」紛糾した。その後休憩を挟んで再開したが、学生側は「改正案」を先に審議すべきであると主張して譲らず、夜になり大浜が退席したところで、「教員側も譲歩し、改正案について審議の結果可決となり、自治会規程に従って理事会に提出」されたのである。(53) そのような中、一二日に開催された緊急部科長会において、新制大学の学生については自治会規程は適用しないことが決定された。

(二) 学生自治会の「非公認」化

この件について大浜は、緊急部科長会の席上で次のように述べている。

御承知のように学園が根本的に変るのであるから、学生自治規程も変えねばならぬことは必然である。一年間の苦い貴重な経験に照しても変えるべきである。その手続については二つの対立した考え方があると思う。

一、改正補足　　二、新制定

第二の新制定の手続でゆくべきだと思うし、政策的にもそう考えていたところが、学生の方も改正の必要を感じていたことであり、九日の協議会で改正案が決ってしまった。自分は理事会として□□を延ばす~~べく当日出席したが、発言を封じられてしまった。~~(54)

〔取り消し線原文ママ〕

続けて大浜は、現行の自治会および教職員学生協議会について、以下のように述べている。

協議会も思わしくない方向に向っている。教育者と被教育者との関係が労資の対立のような空気を見、自治会はある政党に利用されているとしか思えない。社界《ママ》の批判も自治会を左翼運動と見ている。就職戦線では自治委員などは回避される傾向にある。

学生自治会規程は大学自らの手で作った学校の規則である。具体的な方策として、一戦を交えなければならぬかもしれない。新制については規程を制定しないで、学生委員制度を復活し、学友会の組織に立ち戻ってはどうか?自治会は学生の自由とした方がよいと思う。但し旧制に残留するものに対しては現在のものに必要な改正を加えて存置する。(55)

以上のように大浜は、現行の自治会について「ある政党」、具体的には共産党に利用されているとし、協議会についても「労資の対立ような空気」と批判したうえで、新制大学については自治会規程を制定しないで、学友会組織に立ち戻ることを提案している。そしてこの批判・提案は「改正を行うにも協議会に出して、もみ上げて、学生の意見も受け入れてやって、愛する気持で、学生の納得の上でやっていたゞきたい」と述べた中谷博前協議会議長の反対があったものの(56)、おおむね賛同を得て次のとおり可決されている。

学生自治会から教職員学生協議会の議を経て提出された「早稲田大学学生自治会規程改正案」及び学生自治組織研究委員会において作成せられた「学生自治規程要綱」に関して慎重審議の結果、新制大学学生に対しては現行学生自治会規程はこれを適用せず、学生自治要綱に基づき新たに作成すること、した。(57)

これにより、他大学に先駆けて教職員・学生の手によって作られた自治規程・機構は、発足してわずか二年で「非公認」の状態に陥り、学生自治会は以後、大学非公認の学生組織として活動を続けていくこととなった。

第四節　「非公認」後の学生自治会とレッド・パージ反対運動

（一）新たな自治機構の模索

前節で述べたとおり、早稲田大学学生自治会は一九四九年三月に、大学当局より新制大学の学生については学生自治会規程を適用しない旨通告され、「非公認」状態となった。大学当局は新制大学の発足に向けて新しい自治会規程の作成を準備中であったが、自治会側は旧制・新制ともに現行の自治会規程を適用することを求め、両者の意見は平行線のままであった。また、四九年五月に開催された教職員学生協議会では、大浜信泉理事から「早稲田の学生自治会は左翼的であるという風評があるが、この汚評を一掃するため今度の自治会規程改正を行う」との発言があって紛糾し[58]、翌五〇年四月に開催された同協議会においても「自治会の政治活動を認めないとする点をはじめとし提案全体として自治会の御用化をはかり学生の平和運動をさえ弾圧しようとする意図をもつものであると結論して譲らぬまゝ散会し」ており[59]、大学側と自治会側の対立は深まるばかりであった。そこで自治会側は「政・法・文・理（商は二十五年五月に脱退を声明）の第一・第二学部と教育学部、および高等工学校、工業高等学校の全学生・生徒から二十五人に一人の割合で選出された自治委員八百余人が各学部・各学校の自治委員会を構成し、大学非公認のまま活動を続け」た[60]。一方、五〇年五月に全学自治会から脱退した商学部は学生会を発足させ、政治活動を排した活動を行い、教育学部も五〇年末に同様の動きをみせた。

そのような中、一九四九年四月から六月にかけて、タイパーが三回早稲田大学を訪れている。最初に来訪したのは四九年四月二六日であり、応対したのは島田孝一総長、滝口宏学生生活課長、中島正信商学部教授であった。この会見において、上記の早稲田の教授陣は、「彼らの大学の自治会が、必ずしも学校行政に同情的とは限らず、学生と教員の局所的でよりよい理解が必要であること」、および「全日制の六学部からそれぞれ一名の学生と一名の教員顧問を呼び集め、早稲田の状況について議論すること」などをタイパーに対して述べている。[61] 次に来訪したのは同年六月のことであり、まず二日に滝口と会い、早稲田の学生自治会について協議し、学生のリーダーたちとの会議を計画した。滝口は九日に中心的な学生を集め、小さな会議を開くことを約束した。[62] そして九日には早稲田の教授・学生との面談が行われている。九日の会見について報じた『早稲田大学新聞』の記事によると、「学校側から中島商学部教授、滝口学生々活課長、自治会側から塩川委員長ほか八名が出席し」「懇談に先だってタイパー博士より九項目にわたる自治制度の原則案が提出され、ついで学生代表、タイパー博士との間に活発なる討論が行われた」とある。[63] 会見録によると、この「九項目にわたる自治制度の原則案」とは、「広く行き渡った代表制、効果的な中央委員会、明確に定義された機能、責任の分散、定期的な報告」などであった。[64]

この時のタイパーの様子について、滝口は後年以下のように回想している。

タイパーが大学に現われたのは、この秋（一九四八年秋—筆者注）をこえた翌春早々であった。イールズの活動のはじまるこの年の夏の準備でもあったのだろうか。学生自治会の中心諸君と会わせて貰いたいという連絡が前からきていたので、その日は、執行委員の数名といっしょに待っていた。

米人によく見るくったくなさそうな大柄なまだ青年を失っていない人だった。学生とも自分の方から打ちとけようと心をつかっていたし、たしかにそれが成功して、固い表情の学生たちも話の進むにつれて心の垣をといていった。ことに、早稲田の学生自治会の規定については、最大限の賛辞を述べていった。単なるお世辞や学生の気嫌《ママ》とりの言葉でないことは、私にもよく判った。[65]

この時のタイパーの真の来訪目的についてはよくわかっていない。対立関係にあった大学当局と学生自治会委員を仲裁し、新たに民主的な学生自治会を建設するための準備であったかもしれないし、滝口が指摘しているとおり、その後のイールズ講演やレッド・パージに向けての調査であったのかもしれない。しかし、ここで生まれたタイパーと学生委員たちとの融和的雰囲気も、やがて来るレッド・パージ反対運動の波によってかき消されてしまうのであった。

(二) 私立学校法反対運動

自治会が「非公認」となった一九四九年における早稲田の学生運動は、全般的には低調であった。六月二一日から四日間にわたって、約一年ぶりに開催された自治議会においては、初日と三日目が定足数に満たず流会となり、四日目も開会できず、わずかに「大山郁夫教授を総長に推す件」「吉田内閣打倒の件」などが可決されたのみであった。[66]

そのような中、盛り上がりをみせたのは、私立学校法反対運動である。第四章・第五章で述べたとおり、この時期国立大学では大学法反対運動が盛り上がりをみせていたが、同時期に国会に上程された私立学校法もまた、私学の経営面を規定し、大学の自治を脅かすものとして、私立大学を中心に反対運動が起こっていた。

一九四九年九月、臨時国会に私立学校法が上程される動きがみられると、自治会中央執行委員会では、教授らを含めた私学法対策協議会を設け、公聴会を開くことなどを申し合わせた。[67] 翌月二九日には、理事・学生厚生部長・学生自治会委員らの同席のもと、島田総長が会見を開き、「教育の民主化と私立学校法案」と題して、私立学校法案について「従《ママ》らに私立学校に対する官僚の統制を強化し私立学校助成の美名の下に、その自主性を蹂躙せんとするものであつて、時代錯誤の暴案と言わざるを得ない」などと反対声明を述べた。[68] これに呼応し、自治会も「われわれは今回の総長声明を全面的に支持することを茲に表明すると共に、事態を成功的結果に導くため心から協力を惜しまないものである」との声明を発した。[69] 第二節(二)で述べたとおり、前年の教育復興闘争においては、私立学校法案について学生側と教員側の意見が対立することもあったが、ここにおいて両者は意見の一致をみたのである。

自治会では一一月一五日に中央委員会を開催し、私学法問題について、「修正を求めて私学法に反対阻止の線で行く」「都下大学と提携して国会に陳情する」「全学の学生大会をひらく」など六項目を決議した。[70] そして一七日に私学法案が国会に上程されると、自治会は一八日に全学学生大会を開催した。同大会では学内の私学法対策委員会議長である中谷博が登壇し、「私学法を撤回させることこそ大隈精神に沿うものである」と述べ、続いて登壇した松尾隆も「私学法は必ず撤回させなければならないと力強く学生を激励」した。大会終了後、学生たちはただちに国会に向かい、東大・慶大・中大・同志社大の学生とともに衆参両院の議員に対して陳情を行った。[71]

私立学校法は結局、私学側の修正案を受け入れて一部修正された後、一九四九年一二月に国会の承認を経て公布された。[72] 以上みてきたように、自治会「非公認」後、対立関係にあった早稲田の教職員と学生自治会であったが、私立学校法反対という共通の課題に対しては、協力関係にあった。しかし、翌五〇年のレッド・パージ反対運動では、共通の課題がありながらも両者は激しく対立することとなった。

(三) レッド・パージ反対運動

早稲田大学においてレッド・パージ反対運動が顕在化してきたのは、一九五〇年九月のことである。『早稲田大学新聞』の記事によると、「国立、公立、私立の如何を問わず全国の大学から小学校に至る一切の進歩的教授を対象に」「徹底的追放が考えられている」ことが報じられると、自治会中央執行委員会は同月二日、「再び過去における進歩的教授の追放と研究の自由のはく奪後に来る戦争への道を繰り返すなと叫び掛け、追放反対の署名運動、追放を予想される教職員の訪問激励、関係当局に対する交渉等」の活動を開始した[73]。二八日に「レッド・パージに反対し早稲田の伝統を守る会」を開催することを決定し、二六日には吉田嘉清自治会中央執行委員長の名で島田総長に会見を申し入れた。しかし総長は「かゝる架空の事実によつて問題を起すことは遺憾である」との理由で拒絶し、二八日の大会も大学当局は「「占領政策違反云々」の理由で」禁止した[74]。

しかし、学生側は大学側の決定を無視して二八日に大会を決行し、早稲田大学学生のほか、東大・法大・都立大の学生も参加した。その後学内デモを行ったが、その際、無届集会・無届デモの公安条例違反容疑で警官隊と学生のデモ隊が衝突し、中谷学生厚生部長、学生代表、警官隊代表との間で交渉が行われ、警官隊・デモ隊双方は同時に退去した[75]。島田総長はこれに対し、「一部の学生の間に反対運動が展開され、遂に他の大学の学生と呼応し、しかも大学の禁止を犯して大会を強行し、学内の秩序を破壊する行動にまで及んだことは遺憾である」こと、またレッド・パージについては「政令はポツダム宣言の受諾に伴うものであつて、大学といえどもその適用を拒否しまたはこれを超えて自由を主張することは許されない」旨、談話を発表した[76]。

翌二九日は、一部の学生が第四章第三節（三）で述べた東大教養課程におけるレッド・パージ反対集会に参加した。ここでは試験ボイコットが行われたが、早大でもまた一〇月二日に第一文学部において試験ボイコットが行われた。(77) その前日、病床にあった松尾は、以下のような所感を発表して、学生たちの行動を支持した。

聞くところによれば所謂レッド・パージに反対することは早稲田の伝統に反するものだとの説をなす人々があるとのことだが、若しそれが果たして事実とするなら、それこそまさに認識不足も甚だしいものといわねばならない。学問の自由と独立のためには、如何なる時の権力にも屈せず、つねに勇敢に闘って来たのが所謂早稲田の伝統ではなかったのか。(78)

一〇月一七日には、再び学生自治会主催で「全早大平和と大学擁護学生大会」が開催された。大会後、吉田中央執行委員長は決議文を持って総長に面会を求めるも受け入れられず、折から開催中であった前月二八日の大会の処分について審議していた学部長会議の公開を要求して、学生たちが本部に突入した。このため、大学側は警官隊の出動を要請し、警官隊が他大学学生も含む一四三人を検束した。(79)

大学当局がこの一連の事件に対し、吉田委員長以下八六名の学生を除籍処分とした。さらに吉田ら計一四名（学外者も含む）が、建造物侵入罪で起訴された。一九五二年六月、その最終弁論が行われたが、その際、五一年三月に早稲田大学教授職を辞していた大山郁夫と、松尾ほか一名の早稲田大学教授が特別弁護人として法廷に立った。大山が法廷に立つのはこの時が初めてであったが、その理由を「被告である諸君が最後まで早稲田精神の擁護者であったからに外ならない」と述べ、被告の学生らの無罪を主張した。(80) 大山は法廷にて次のように述べたとされている。

学生が集団として活動するときは、学生と接していなければわからないほど、鋭い感覚をもっているのであって、学生はそういう観点から、日本の問題、アジアの問題、世界の問題を把握しているのである。学問の自由、研究の自由を擁護する立場は、昔も今も変りはないのであるが、あの早大事件が起った時は、問題はもっと複雑になっていて、日本は占領下におかれており、独立した政策はなく、混乱の状態にあり、しかもこういう状態においても、学生は学問の進歩のために、世界の平和を擁護しよう、アジア人という意識のもとに行動しよう。日本の学問の独立のためにあくまでこれを擁護していこうとしていたのである。私は学生と接触して、あの頃の学生運動がこれ以外のなにものもなかったということも十分知っている。あの当時の学生の心情を推察されて判決願いたい。[81]

一方、吉田は五二年一月、公判に先立ち島田総長に以下の公開質問状を発した。

総長先生が学生代表である私と、一回も話し合おうとなさらないで学外者である警官と提携されたことは、今もなんとしても私には理解できません。私は最後まで、こと警察の干渉に対しては、総長、教授、学生たることを問わず、一致して当たることが出来ると早稲田人としての共感を信じていました。（中略）私が「進歩的教授追放」を憂慮する一人の学生として先生にお話することは、当然のことであり、先生が会われないことは、早稲田の伝統的師弟関係を信ずる私として、到底理解できないところです。この点について先生のお考えをきかせて戴きたいと思います。[82]

この質問状が出される一年以上前、島田は衆議院文部委員会の参考人として呼ばれた際、渡部義通議員から学生たちと面談しなかった理由について問われ、以下のように回答している。

私は決して学生諸君にお会いすることを、拒否してはおらないのであります。学生諸君が正式なる立場においで私に会見を申し込んでおいでになりましたならば、私は喜んでいつでもお会い申し上げる。（中略）旧制の諸君だけの学生自治会規程によつて、その代表者として私のところにおいでになるならば、私は決して会見を拒否するわけではございません。何がゆえに新旧混合したところの、しかも規定に照し合せて、いわゆる学園内において合法的ならざる組織をもつて、私にそういうことをおつしやるのか、私はむしろその点をお伺いしたいと思います。(83)

以上をみると、吉田は学生代表として島田総長に面談を求めようとしたのに対し、島田は正式な学生代表ではないとして拒否していたことがわかる。島田は同委員会において、渡部議員よりレッド・パージの方針について問われた際、「ただ単に共産党員であるから、いわゆるレッド・パージに該当するとは考えておりませんのでございます。あるいはその同調者であるがゆえに、適格性が失われるとも、私は考えておりませんのでございます」と答えている。もし島田と吉田が事前に話し合いを持っていれば、ここまで大きな衝突にはならなかった可能性が高い。自治会「非公認」によって、大学当局と学生代表との正式な話し合いができなかったことが、大学にとっても学生にとっても不幸な結果を生んだといえる。

小結

以上、早稲田大学における学生自治会の結成と再編およびその活動についてみてきた。早稲田大学においては敗戦後、学生たちの要求をもとに教職員・学生の手によって「学生自治会規程」および「教職員学生協議会規程」が設けられ、自治議会―教職員学生協議会―部科長会―理事会という流れで学生の総意が大学当局に伝えられる仕組みが作られた。実際の運営においては自治議会は流会を重ね、学生の総意を伝えることはほとんどできていなかったものの、教職員学生協議会などにおける自治会委員と教職員委員の議論を通じて、学生代表と教員代表との意見交換ができていた。

しかし、一九四八年に入ると、全国的な教育復興闘争の中で、学生運動の質的変化が起こり、目的のためには大学の教育方針などに反してストライキやデモを行うことを厭わず、必要に応じて他大学などとの連携も行うようになった。こうして教員と学生が対立する局面が増加していき、教員たちは自治会は共産党の支配下にあり、自分たちの統制がもはや及ばなくなったと考え、ついに自治会「非公認」の決定を下すにいたったと考えられる。

自治会「非公認」後は、新たな全学自治組織の結成を模索するものの、大学当局と学生側の意見が対立し、学生自治会は「非公認」のまま活動を続けた。そのような中、一九四九年には私立学校法反対運動、五〇年にはレッド・パージ反対運動が起こり、前者は大学側と自治会側が協力するかたちで運動が行われたが、後者では双方が激しく対立し、大量の処分学生を出すこととなった。

注

（1）学徒隊は、正式には一九四五年一〇月六日の「戦時教育令」の廃止によって廃止された。

（2）早稲田大学新聞会発行の学生新聞。戦後復刊第一号―五号（一九四六年二月二五日〜五月一日発行）までは『早大新聞』、六号以降は『早稲田大学新聞』の表題となっている。

（3）「各年度〔自昭和19年度至昭和23年度〕事業報告書　早稲田大学」（早稲田大学歴史館所蔵「早稲田大学本部書類（続の2）」資料番号：008）

（4）「自主性の確立へ　学生委員会成る」『早大新聞』一九四六年二月二五日

（5）「消費組合即時結成　総長間接選挙など決議」『早大新聞』一九四六年三月一五日

（6）「決議文の回答をめぐり追放教授論まで飛出す――第二回学生大会」『早大新聞』一九四六年六月一五日

（7）「昭和21年11月起〔至昭和24年10月〕部科長会議事録　教務課」（早稲田大学歴史館所蔵、資料番号：050）一九四七年四月八日付。以下、「部科長会議事録(1)」と示す。

（8）「早稲田大学学生自治会規程」（「部科長会議事録(1)」所載）

（9）同前

（10）「校則と同等の意義と権威　教育の一環として自治規程公布」『早稲田大学新聞』一九五六年一一月一三日

（11）蜷川譲『敗戦直後の祝祭日　回想の松尾隆』藤原書店、一九九八年、四四頁

（12）各学部、附属学校および付属機関の長をもって組織される会議体。新制大学発足後は学部長会と名称を改めた。

（13）「早稲田大学教職員学生協議会規程」（「部科長会議事録(1)」所載）

（14）平田富太郎「中谷先生追憶の記」『想い出の中谷博』一九七三年、二三四頁

(15)「新しい自治会規程誕生」『早稲田大学新聞』一九四七年五月一一日
(16)「初の自治議会開かる」『早稲田大学新聞』一九四七年七月一日
(17)「回答に不満を表明　再度自治議会開催か」『早稲田大学新聞』一九四七年八月二一日
(18)「教職員側委員決る」『早稲田大学新聞』一九四七年七月一日
(19)「学生自治新たな段階へ　教学協議会の効果うすし」『早稲田大学新聞』一九四七年八月二一日
(20)前掲「回答に不満を表明　再度自治議会開催か」
(21)「きらわれた自治議会　議席ガラガラで再度の流会」『早稲田大学新聞』一九四七年一一月二一日
(22)「波らんの自治議会終幕」『早稲田大学新聞』一九四七年一二月一一日
(23)「部科長会議事録(1)」一九四八年三月二日付
(24)前掲「消費組合即時結成　総長間接選挙など決議」
(25)「消組は効果無し　校規参画も反対」『早大新聞』一九四六年三月一五日
(26)「自治委員会　教授会の権限の大幅拡充を要望」『早大新聞』一九四六年四月一日
(27)「学生側の見解　内容より今後の実質　更に生活擁護の建言」『早大新聞』一九四六年五月一日
(28)「全国に先駆けて　消費組合、愈々発足」『早大新聞』一九四六年五月一日
(29)市村今朝蔵「大山郁夫先生の人と学問」『早稲田大学新聞』一九四六年五月一五日
(30)橋本進「「学園民主化の嵐」の中の松尾先生」『松尾隆――早稲田の疾風怒濤時代を駆け抜けた一教師』一九八六年、一二九頁
(31)「雑録〔学生生活課会議ノート(1)〕」〔早稲田大学歴史館所蔵「滝口宏旧蔵資料」資料番号：0289〕一九四八年六月二三、二四日付
(32)前掲「雑録〔学生生活課会議ノート(1)〕」一九四八年六月二六日付
(33)前掲「雑録〔学生生活課会議ノート(1)〕」一九四八年九月一七日付
(34)「池原理事から、前回（九月）の協議会で授業料四―七割の値上については既に話し納得していた筈であり、

不当であるとは思わない。納得できない点について質問してもらいたい旨話しがあったが、これに対する学生側の質問は極めて低調であった」（早稲田大学歴史館所蔵「〔昭和23年10月至昭和24年3月〕部科長会議事録」資料番号：051）一九四八年一一月二六日付。以下、「部科長会議事録(2)」と記す。
(35)「全日本学生自治会総連合（全学連）結成大会議事録」『資料　戦後学生運動1』一九六八年、二八五頁
(36)「戦後学生運動史年表」『資料　戦後学生運動』別巻、一九七〇年、二六―二七頁
(37)「中央委員会報告」と書かれた挟み込みメモ（前掲「雑録（学生生活課会議ノート(1)）」）
(38)安倍徹郎編「1950年を中心とする早稲田大学学生運動史年表」『早稲田　一九五〇年　史料と証言』別冊・資料篇、二〇〇〇年、七頁
(39)梅田欽治「いい残しておかねばならない――私にとっての早稲田の六年間」一九頁、猿渡新作「日本共産党国際主義者団前後」『早稲田　一九五〇年　史料と証言』五号、一九九九年、二八頁
(40)「部科長会議事録(1)」一九四八年一〇月一四日付
(41)同前
(42)「部科長会議事録(2)」一九四八年一〇月一五日付
(43)大浜信泉伝記刊行委員会『大浜信泉』一九七八年、一〇四―一〇五頁
(44)「部科長会議事録(2)」一九四八年一〇月一五日付
(45)「告示撤回を叫ぶ学生の声〝中央委〟撤回を要求」『早稲田大学新聞』一九四八年一〇月二五日
(46)「部科長会議事録(2)」一九四八年一〇月二〇日付
(47)「部科長会議事録(1)」一九四八年一一月一二日付
(48)「部科長会議事録(2)」一九四八年一一月二九日付
(49)「部科長会議事録(1)」一九四八年一一月三〇日付
(50)「会議録（学生生活課会議ノート(2)）」（早稲田大学歴史館所蔵「滝口宏旧蔵資料」資料番号：0290）一九四九年一月二六日、二月二五日付
(51)「新制学部は自治会より除外　問題はらむ〝大学の方針〟」『早稲田大学新聞』一九四九年四月二一日

(52)「部科長会議事録(2)」一九四九年三月四日付
(53)「部科長会議事録(2)」一九四九年三月九日付
(54)「部科長会議事録(2)」一九四九年三月一二日付
(55)同前
(56)同前
(57)同前
(58)「学校側論理の矛盾を認む　自治会規程問題再び尖鋭化」『早稲田大学新聞』一九四九年五月二一日
(59)「規程改正の教学協開かる　連邦案めぐり対立」『早稲田大学新聞』一九五〇年四月二一日
(60)『早稲田大学百年史』第五巻、一九九七年、三二四頁
(61)"Intercollegiate Conference on School Government" 26 April 1949. *GHQ/SCAP Records*. CIE(C)03653
(62)"Student Government Plans at Waseda" 2 June 1949. *GHQ/SCAP Records*. CIE(A)02887
(63)「タイパー博士　学園を訪問」『早稲田大学新聞』一九四九年六月一一日
(64)"Principles of Self-Government" 9 June 1949. *GHQ/SCAP Records*. CIE(A)02884
(65)滝口宏「戦後学生運動物語（1）」『早稲田学報』第七二八号、一九六三年、二〇頁
(66)「第六回自治議会開く〝大山郁夫教授を総長に〟」『早稲田大学新聞』一九四九年六月下旬号
(67)「公聴会を開く　私学法に学園自治会動く」『早稲田大学新聞』一九四九年九月一日
(68)「時代錯誤の暴案　大衆の聡明な批判に訴える」『早稲田大学新聞』一九四九年一一月一日
(69)「自治会も声明」『早稲田大学新聞』一九四九年一一月一日
(70)「第六回中央委　〝経済補助規定〟を可決」『早稲田大学新聞』一九四九年一一月二一日
(71)「図書館前で全学大会　衆・参両院へ五大学の学生が陳情」『早稲田大学新聞』一九四九年一一月二一日
(72)『日本私立大学連盟二十年史』一九七二年、三九六頁
(73)「追放反対の署名運動　レッド・パージに自治会動く」『早稲田大学新聞』一九五〇年九月一一日
(74)「〝大学当局の責任を追求〟吉田中執委員長談」『早稲田大学新聞』一九五〇年一〇月一日

(75)「追放反対全学大会を強行　警官八百学園に乱入」『早稲田大学新聞』一九五〇年一〇月一日
(76)「〝政令の拒否は許されぬ〟島田総長談」『早稲田大学新聞』一九五〇年一〇月一日
(77)前掲『早稲田大学百年史』第五巻、三三〇頁
(78)「所感」『松尾隆――早稲田の疾風怒濤時代を駆け抜けた一教師』一九八六年、一五九頁
(79)前掲『早稲田大学百年史』第五巻、三三一―三三二頁
(80)「全員の無罪を主張　大山氏、新庄、松尾両教授証言」『早稲田大学新聞』一九五二年六月一一日
(81)北沢新次郎・末川博・平野義太郎監修『大山郁夫伝』中央公論社、一九五六年、三〇一頁
(82)「〝学の独立〟都の西北にひびく――レッド・パージ反対闘争」『戦後学生運動史』三一書房、一九五七年、五一―五三頁
(83)「国会会議録」第八回国会、衆議院文部委員会第九号、一九五〇年一一月一一日

終章

第一節　本書が明らかにしたこと

以上、占領期における大学学生自治会の成立過程およびその活動について、東京（帝国）大学、京都（帝国）大学、および早稲田大学の事例についてみてきた。以下、本論での分析をもとに、㈠戦後学生運動における東京大学・京都大学・早稲田大学の学生自治会の役割と特質、㈡学生自治会における戦前戦後の連続・非連続、㈢戦後の学生自治会と共産党、占領軍、教職員との関係性、㈣戦後初期の学生自治会と学生運動の特質の四つの観点から結論を述べていく。

（一）戦後学生運動における東京大学・京都大学・早稲田大学の学生自治会の役割と特質

大学の学生自治会は戦後の学園民主化運動の中で結成され、学園復興や学生生活防衛のため、様々な運動を展開していった。その中で全学連などその後も続く学生自治会連合組織が形成され、全国的な学生運動を展開していった。本書で取り上げた東京（帝国）大学・京都（帝国）大学・早稲田大学の学生自治会も、そのような時流の中で形成され活動を行っていったが、その運動方針や活動内容にはそれぞれの組織の特質が現れていた。以下、戦後の民主化運動においてそれぞれの大学学生自治会が果たした役割と、その運動の特質について考察を述べていく。

前記三大学が初めて共同して運動を行ったのは、一九四八年の授業料値上げ反対運動に端を発する教育復興闘争であった。ここにおいて全国一斉の不払い運動やストライキが決議され、東大・早大もストライキに入った中、京大は態度を保留した。これは戦後新たに学生のみの自治組織を作り上げた東大・早大と異なり、戦時中の報国団組織（同学会）を温存し、教職員の顧問制度を導入していた京大では、急進的な運動に出にくかったことが要因として考えられる。同年九月には全学連が結成され、東京大学学生自治会がその中心を担い、早稲田大学もまたその私立大学部門のトップとして、東大と歩調を同じくした。

翌一九四九年にも大学法反対運動など全国的な学生運動が頻発し、全学連は各大学の学生自治会に対しスト決行方針を示すが、これに対しても京大同学会は保留の方針を示し、急進的になりつつあった各学部の学生自治会との間に軋轢が生じる結果となった。一方、早稲田大学学生自治会は全学連の方針に追随しつつも、私立学校法反対運動など私学の権利を守る運動にも奔走した。

一九五〇年のコミンフォルム批判により、日本共産党が主流派（所感派）と国際派に分裂すると、東大・早大の学生自治会は国際派の拠点として反アメリカ・反帝国主義闘争を行った。その到達点が同年秋のレッド・パージ反対運動である。ここにおいて全学連は試験ボイコットおよび全国一斉ストライキの方針を示し、東大も早稲田も試験ボイコットを行った。

これに対して京大は、レッド・パージには反対しつつも、試験ボイコットやストライキの方針はとらず、平和擁護運動に注力した。また、全京都民主戦線統一会議に加入し、労働組合と共闘して運動を行った。これは京大同学会が共産党の主流派に属し、同派の運動方針であった地域人民闘争の方針に従ったことが大きな要因として考えられる。

（二）学生自治会における戦前戦後の連続・非連続

①戦前戦後で共通してみられた特徴

第一章で述べた明治—昭和戦中期における学生自治会確立・改革運動と、第二章以降で述べた戦後の学生自治会の成立過程を見比べると、以下の共通点がみられる。まず、(1)当初は社会科学研究会などの左翼学生団体所属の学生が中心となって設立（改革）運動を起こし、(2)その後、日本共産党の直接指導のもと活動を行った、ということである。

戦前期においては、一九二〇年代に各大学の社会科学研究会など学生連合会（学連）所属の左翼学生団体による学友会改革運動や学生自治機関設立運動が行われていた。三〇年代に入ると、各大学の社会科学研究会が解散させられたことにより、学連のかわりに共産青年同盟（共青）を経由して、日本共産党が学生運動を指導するようになった。戦後においても、学園民主化運動の中で戦後復活した社会科学研究会や日本共産党学生細胞所属の学生たちが学生自治会の設立運動を起こしていった。四七年頃までは日本共産党の影響は限定的で、学生たちの自主的な活動としての側面が強かったが、四八年に入ると共産党中央による直接指導が行われるようになった。

一九三〇年代に共青指導のもと各大学に作られた組織の名称は、自治学生会（自学）または学生自治会と呼ばれるものであった。その名称が戦後の学生自治会に用いられた可能性もある。

②戦後の組織に新たにみられた特徴

一方で、戦後の学生自治会は、戦前の組織にはみられない特徴も有していた。その最大の違いは、全学生を構成員とした組織になっていたということである。一九三〇年代における自治学生会・学生自治会は、共産党員の学生のみで構成された組織であったが、戦後の学生自治会は、戦後民主主義の影響を受け、一般学生を含む当該大学の全学生を構成員とした組織となっていた。

また、戦後の学生自治会のもう一つの特徴としては、他大学の学生自治会と連合組織を結成して活動を行ったり、学外の労働組合などとも連携して活動を行っていたということである。戦前の組織では、学連や共青傘下の組織同士で連携することはあっても、それ以外の組織と連携することはみられなかった。戦前期においては左翼学生団体に対する取り締まりが厳しかったこともあって相互連携はほとんどみられなかったが、戦後の学生たちは共通の課題に対して連携して運動を行っていった。

(三) 戦後の学生自治会と共産党、占領軍、教職員との関係性

①共産党との関係

前項(二)で述べたとおり、戦後の学生自治会の活動は日本共産党の影響を受けて行われていたが、学生自治会と共産党との関係性はどのようなものであったか。序章第三節(二)であげた、(1)日本共産党が各大学の学生細胞に対し、学生自治会の設立・活動についての指示を行っていたか否か、(2)指示を行っていたとしたら、どのような目的をもって指示していたか、の二点に即して述べていく。

まず(1)について、第三章第二節(一)で述べたとおり、共産党が学生運動に対して直接指導するようになるのは一九四八年のことであり、それ以前は共産党細胞所属の学生がかかわっていたとしても自主的な活動という側面が強かった。よって、共産党は学生自治会の活動については四八年以降指示を出していたが、学生自治会の設立については指示を出した形跡はみられない。
(2)の目的については、第三章第二節(一)で引用した中央指令に書かれているとおり、「学生層の間に党を

拡大し、充分に学生層の革命的エネルギーをくみとり、その中から優秀なボルシェヴィキを作り上げてゆく」ことであったと考えられる。一九四八年の教育復興闘争を通じて学生党員を増やし、その中で優秀な共産主義革命の戦士を養成していくことが党の目的であった。しかし、まもなく全学連との方針の違いが明らかになり、五〇年の共産党の分裂以後は、主流派である共産党中央と国際派である全学連は袂を分かっていた。よって、学生運動への指導についても、限定的と言えるだろう。

②占領軍との関係

次に、学生自治会と占領軍との関係性について、序章第三節（二）であげた、⑴占領軍が大学学生自治会に対しどのような見解を持っていたのか、⑵設立や活動について指示を行っていたのか否か、⑶指示を行っていたとしたらそれは「助長」であったのか「抑制」であったのか、の三点について考察を述べていく。

⑴まず大学における学生自治会に対する見解について、CIEは学生自治会を民主主義の訓練の場と考え、教職員と学生自治会代表の双方が友好的に協力し合って学生自治活動を行うことを奨励していた。しかし、それはあくまで学生自身に関する問題に限定されており、当時いくつかの大学学生自治会が求めていたような、学生代表の大学の内部行政への参加を認めるようなものではなかった。学生たちの学校行政参加の要求に対しては、行きすぎであるとして警戒していたことがCIE会見録の中からも読みとれる。

⑵について、CIE会見録をみると、一九四九年以降、新設の学生自治会や反全学連系の学生自治（連合）組織との面談を行っている様子がみられる。そこでは明確に学生自治会の共産主義化に対する危機感を表明しており、それに対抗しようとする学生自治会に対して助言したり支援しようとしていた。占領軍は朝鮮戦争開戦以降、学生自治会や学生運動に対する弾圧を強め、[1]イールズ講演にみられるように反共活動を行ったことが知られているが、反全学連系の学生自治会への助言と支援はそれと一対の関係にあると考えられる。

よって、(3)については、新設や反全学連系の学生自治会を「助長」することによって、共産主義勢力を「抑制」しようとしていたと考えられる。反共産党の方針を掲げる学生自治会や連合組織に対しては政治的中立を求め、民主的で学生の興味関心に根ざした活動を行うよう要請していたことが、CIE会見録からも読み取れる。明神勲によれば、CIEは少なくとも一九四九年の初め頃までは、共産党のイデオロギーと闘ううえで、「否定的・禁止的プログラム（negative program）ではなく建設的プログラム（positive program）」を採用していたようであり[2]、学生自治会への対策もその方針に基づいて行われた可能性がある。

③教職員との関係

次に教職員との関係であるが、発足当初の学生自治会においては、教職員と協力して学園復興などの課題に取り組むケースもみられた。早稲田大学の教職員学生協議会や東京（帝国）大学文学部における三者協議会などがその事例である。また、いわゆる「進歩的教授」と呼ばれる教員が、学生運動に協力したり指導したりする様子もみられた。

東京（帝国）大学・京都（帝国）大学・早稲田大学における総長の学生の自治に対する考え方はいずれも、学生に関する事項について学生自身が決定するという意味での学生の自治は認めるが、教員の人事にかかわる事項や政治運動に関しては認めないというスタンスであった。一方学生たちは、学園民主化運動において軍国主義的校長・教授の追放を求めたり、「進歩的教授」がレッド・パージによって追放されることを防ごうとするなど、教員の人事にもかかわろうとしていた。また、日本共産党が学生運動に対して直接指導を行うようになると、学外の政治運動にも積極的にかかわるようになっていった。

以上のような学生の自治に対する考え方の違いはあったものの、一九四九年までは大学当局と学生自治会との間に大きな対立はみられなかった。しかし、五〇年のレッド・パージ反対運動においては、大学当局と学生側、とくに共産党国際派の学生たちとの間で激しい衝突が起き、東京大学や早稲田大学で多数の学生処分を出すこととなった。

(四) 戦後初期の学生自治会と学生運動の特質

以上述べてきたことをふまえ、戦後初期の学生自治会・学生運動全体の特質について、考察を述べていく。

①学生自治会

まず学生自治会についてであるが、第二章第一節(一)で述べたとおり、戦後の学生自治会再編・結成の最初の契機となったものは、一九四五年九月に文部省が発した通牒「校友会新発足ニ関スル件」であるが、同通牒は戦時中の学校報国団組織を、戦前の学友会組織に近い校友会に編成し直すよう指示したものであって、学生自治会の結成を指示したものではない。また、占領軍は旧制中等学校・新制高等学校における生徒自治会の設立に関しては、CIEや軍政部を通じて直接的な指導を行っていたことがすでに明らかになっているが[3]、大学の学生自治会に対する具体的な指示や指令は、現存する資料をみる限り出していない。よって、この時期の学生自治会を、上から与えられたいわゆる「ポツダム自治会」とする先行研究の指摘は誤りである。

戦後の学生自治会は、戦後民主化の流れの中で、多くの場合学生たちが自主的に結成・再編していったものである。発足当初の学生自治会は、戦後復活した社会科学研究会や共産党学生細胞など、左翼学生団体所属の学生たちが中心となって運営していたが、当初は共産党の指示も受けておらず、政治色も強くなかった。しかし、四八年に共産党が学生運動に対して直接指導するようになり、同年秋に全学連が結成されると、次第に政治色を強めていった。

②学生運動

発足当初の学生自治会による学生運動は、学園復興や学生の生活問題など、学内問題が主であった。一九四八年以降は、大学理事会案・大学法反対運動やレッド・パージ反対運動など、政治問題にも関与するようになっていき、他大学の学生自治会や学外の労働組合などとも連携して運動を行うようになっていった。

ただし、政治運動といっても、当該時期は大学や学生自身に関係する問題に対してのみ運動を行っていた。それらを大別すると、⑴大学法反対運動に代表される大学の自治を守るための運動、⑵レッド・パージ反対運動に代表される共産主義者弾圧に反対する運動、そして朝鮮戦争が始まってからは⑶平和擁護運動も行われた。それらは戦争と戦後民主主義を直接体験してきた学生たちが、再び戦争やそれに伴う思想弾圧に向かう流れに抵抗するために起こした運動であった。

第二節　本書の学術的貢献と今後の課題

(一) 学術的貢献

本書の学術的貢献としては、①占領期の高等教育史研究における貢献、②学生運動史研究における貢献の二点があげられる。まず①について、序章第二節（一）で述べたとおり、大学沿革史においては、当該大学の「正史」という性質上、大学・学部の組織や創立者ら重要人物の歴史の記述に多くの紙幅が割かれ、学生に関する記述はわずかである傾向がある。またその記述も、学内資料を中心に用いて大学当局の立場から書かれることが多かった。

また、占領期を扱った高等教育史研究においても、制度史・政策史が中心であり、学生を扱ったものはほとんどなかった。学生は大学の重要な構成員の一員でありながら、その歴史は大学沿革史でも高等教育史研究においても、真正面から取り上げられることはなかった。学生とその取りまとめを担う学生自治会を取り上げ、多様な資料を用いて描き出したことが、本書の学術的貢献の一つである。

②について、序章第二節（二）で述べたとおり、戦後学生運動史における戦後初期の学生自治会に関する記述の多くは一九六〇年代後半からの大学紛争の最中に書かれ、紛争期の学生運動の前史として紹介された。しかし、それらの多くは概略的に描かれるのみで、分析・評価も不十分であった。そのため、初期の学生自治会について、政府・占領軍によって上から与えられた（いわゆる「ポツダム自治会」）としているもの、あるいは戦後復活した日本共産党の指導を受けて活動を行っていたと言及しているものもあったが、本書はこれを批判的に検証した。

大学紛争期から約五〇年が経過し、近年大学紛争研究が盛んに行われているが、本書は大学紛争の前史として、それらの研究にも十分寄与しうるものである。

（二）今後の課題

一方で、本書で達成できなかった課題も残った。一つは他大学の事例との比較と類型化である。本書で取り上げた東大・京大・早大以外の大学の事例を調査することで、学生自治会の成立過程や学生運動の方針などについて比較・類型化が可能になるが、本書ではそこまでにはいたらなかった。今後、他大学まで調査対象を広げ、事例を比較・対照することで、戦後の学生自治会の成立過程とその活動の全貌を明らかにしていきたい。

もう一つは、研究対象の時期である。本書では、占領期における学生運動のピークであった一九五〇年のレッド・パージ反対運動までを調査・研究の対象時期としたため、その後の単独講和反対運動・平和運動について取り上げなかった。単独講和反対運動・平和運動は、学生運動が学内運動から学外運動へと移っていく重要な転換点であり、それらを取り上げることによって、その後の安保闘争へとつながる運動の流れを押さえることができたのであるが、今回はそこまでいたらなかった。これも今後の課題としたい。

注

（1） たとえば一九五〇年七月一三日には、全学連が各地で配布した「軍事基地の実態を見よ」と題する図入りのビラが占領政策違反であるとして、全国の大学・高校の自治会が一斉捜索を受けている（『朝日新聞』一九五〇年七月一四日朝刊）。

（2） 明神勲「占領下日本の大学とレッド・パージ（その2）：W. C. イールズの新潟大学演説の経緯」『北海道教育大学紀要　第一部　C　教育科学編』四七巻一号、一九九六年、四九頁

（3） 中等学校の生徒（自治）会の設立における占領軍の関与については、喜多明人「子どもの参加の権利と生徒参加史研究――戦後日本における生徒自治会形成過程の検討を中心に」（『教育学研究』六二巻三号、一九九五年）や、猪股大輝「占領軍の生徒自治会構想に関する一考察――生徒会活動前史の視点から」（『関東教育学会紀要』四七号、二〇二〇年）によって明らかにされている。

あとがき

本書は、二〇二四年三月にお茶の水女子大学大学院人間文化創成科学研究科に提出した博士学位論文「占領期における大学学生自治組織の成立過程およびその活動」を加筆修正したものである。本書の一部を構成する既発表論文は以下のとおりである。

①「京都（帝国）大学同学会と戦後の学生運動――一九四五―四九年の再編過程を追って」『日本の教育史学』第四九集、二〇〇六年一〇月、九七―一〇九頁（第五章）

②「戦後復興期における東京大学・京都大学の学生自治会――学園復興、学生生活支援、および労働者との共闘を中心に」『PROCEEDINGS』第一二号、二〇一〇年七月、六五―七二頁（第四章、第五章）

③「草創期の早稲田大学学生自治会の一側面――教員とのかかわりに着目して」『早稲田大学史記要』第四九巻、二〇一八年三月、一三―三九頁（第六章）

④「日本の大学学生自治会に対する占領軍の見解――CIE会見録の分析から」『日本の教育史学』第六五集、二〇二二年一〇月、六一―七四頁（第二章、第三章）

筆者が戦後の大学学生自治会の形成過程を研究テーマとする契機となったのは、学部時代を過ごした東京女子大学での経験である。同大学には学友会という学生自治会があり、筆者が在籍していた一九九〇年代後半には、年二回授業を休講にして学生大会を開いていた。しかし、学生大会も学友会そのものもすっかり形骸化しており、両者とも各公認サークルから人を出させて、どうにか成り立たせているような状態であった。他方、同時期の他大学では、いまだ大学紛争時の新左翼セクトが学生自治会内部に残存しており、学内外で活発に活動しているところもあった。この違いは一体何なんだろう？そもそも、学生自治会はいつどのようにして誕生したのだろう？などという疑問が生まれてきた。

筆者は東京女子大では史学科に所属し、東洋史（中国史）を専攻していたが、一年次に履修した一般教育科目や二年次以降に履修した教職課程科目を通じて、教育学への興味が沸々とわいてきた。そこで一念発起し、学部卒業後により深く教育学を学ぶことができる大学に学士編入することにした。大学受験の時以上に猛勉強した結果、二〇〇〇年四月に第一志望であるお茶の水女子大学文教育学部人間社会科学科教育科学コースに三年次編入学することができた。所属のゼミは迷わず米田俊彦先生のゼミを選んだ。米田先生はその二年前まで東京女子大学で教職課程の教員をしており、まさに筆者が教育学に興味を持つきっかけを与えてくれた先生だったからである。

こうして筆者の学生自治会史研究がスタートした。学部の卒業論文では、大学沿革史を網羅的に調査して、草創期の学生自治会の形成過程についてまとめた。修士論文では、米田先生のご紹介で、まだ開館したばかりの京都大学大学文書館で調査を行い、京都大学の学生自治会である同学会の成立について明らかにした。二〇〇四年に博士後期課程に入学した後、その研究成果の一部を教育史学会大会で報告し、『日本の教育史学』に投稿・掲載されたものが前掲①の論文である。

しかしその後、研究は完全に行き詰まってしまった。戦後間もない頃の一次資料、しかも学生関係のものはそう多くは残っていなかった。そこで各大学に問い合わせを行い、資料を探す日々が続く。京大のことを取り上げたのであれば東大のことも、と思い、東京大学史史料室（現・東京大学文書館）で、敗戦直後の総長である内田祥三関係資料などを調査したが、東京大学の学生自治会そのものの資料は残念ながら所蔵されていなかった。その他の大学については、大学アーカイブズという言葉もまだ一般に知られていなかった頃だったので、どこに問い合わせてよいかもわからない、という状態であった。

そのような途方に暮れる状況の中、二〇〇〇年代後半に東大・京大の学生自治会・学生運動関係者に話を聞く機会を得ることができた。東大については、米田ゼミの先輩である桜井恵子さんの紹介で、戦後の東大学生運動にかかわった方への聞き取り調査を行った。一人に聞き取りをしたら、その方に友人を紹介してもらう方式で、計四人の方の聞き取りを行うことができた。そのうちの一人である岡田裕之氏の聞き取り記録は、『東京大学史紀要』に二回に分けて掲載していただいた（第二九・三〇号）。京大については、大阪府立大学（現・大阪公立大学）の小股憲明先生のご紹介で、元同学会委員の方などに話を聞くことができた。これらの調査の成果は、お茶の水女子大学グローバルCOE公募研究の成果論文としてまとめた（前掲②の論文）。

こうしてどうにか研究を進める一方で、筆者はある思いを抱くようになっていた。それは調査の過程で訪れた京大文書館や東大史料室など、大学アーカイブズに対する興味・関心であり、いつかはそういった機関で仕事がしたいと思うようになった。自分自身が資料の捜索で悩んだことから、大学に関係する資料の整理・保存・公開を業務とする大学アーカイブズへの関心が高まっていった。そのような中、立教大学立教学院史資料センターへの就職話をいただき、二〇一二年三月に八年間在籍（内三年は休学）したお茶の水女子大学大学院を退学し、学位論文は就職後に執筆・提出することにした。

仕事上では、全国大学史資料協議会に機関会員の一人として参加するようになり、全国にたくさんの大学アーカイブズ機関があることを知る契機となった（会員校だけで約一〇〇機関）。また、他機関とのやり取りの中で、学習院大学大学院人文科学研究科アーカイブズ学専攻（平日夜間と土曜日に開講）のことを知り、二〇一五年に修士課程に入学した。その後の二年間は、仕事を終えてから大学院に通ってアーカイブズ学を学ぶ日々で、学生自治会史研究からは遠のいてしまった。

二〇一六年には職場が立教から早稲田大学大学史資料センター（現・早稲田大学歴史館）に変わった。職場の所蔵資料の中に終戦直後の部科長会（現在の学部長会）の記録や、当時の学生課長である滝口宏の資料があることを発見し、それらを用いて早稲田大学の学生自治会に関する論文を書き、二〇一八年に職場の紀要である『早稲田大学史記要』に寄稿した（前掲③の論文）。

前述のとおり、就職・転職、二度目の修士課程（アーカイブズ学）入学などによって、学位論文の執筆はすっかり忘却の彼方に消えてしまっていたが、早稲田の学生自治会の事例研究ができたことで、学位論文執筆の見通しが立った。しかし、ここまで五年以上のブランクがあったため、それ以前に何をどこまでやったのか、思い出すだけでもひと苦労であった。夏休みを利用して、過去の論文データや資料を掘り起こして、再び博論構想を練った。総論として明治期から第二次世界大戦後までの学生自治組織の系譜、各論として東大・京大・早大の戦後の学生自治会の成立と初期の活動、という二部構成で学位論文を執筆することにした。

だが、実際に書き進めていく段階では、いろいろな障害があった。まずは二〇二〇年のコロナ禍である。同年四月初めから七月頭までの三カ月間、在宅勤務を強いられた。勤務時間以外は自由であるし、通勤もない分時間的に余裕はあるはずなのだが、図書館にも行けないため、なかなか執筆を進めることができなかった。六月になって、ようやく国立国会図書館が抽選による入館を認めてくれたため、憲政資料室に行って、ＣＩＥ会見録のうち、学生自治会に関係するものを収集していった。この年の夏、科研費の研究活動スタート支援に採択された。これによって、当時東大の大学院生であった猪股大輝氏を研究補助者として雇い、おもにCIE文書の収集の続きと翻訳をやっていただいた。その成果の一部は教育史学会大会で発表した後、『日本の教育史学』に掲載された（前掲④の論文）。

しかしその後も、業務の多忙などで執筆活動が中断してしまうことがしばしばあり、そのたびに切れた記憶とやる気の糸をつなぎ直す必要が生じた。さらに大きな障壁となったのは、二度目の転職である。二〇二二年度末で、早稲田大学歴史館の任期が切れてしまったのである。幸いにして、現在の職場である神奈川大学大学資料編纂室に拾っていただいたが、当時住んでいた埼玉県所沢市からは片道二時間の距離である。ここへ来て博論完成に黄色信号が灯ったのであるが、もう一つの問題があった。指導教授である米田先生が二〇二三年度末で定年退職してしまうことである。遠距離通勤（途中で断念して転居）もあり、なかなか厳しい状況であったが、この機会に学位論文を提出しなければ、おそらく一生出すことはないだろうと思い、懸命に執筆を続けた。結果、博士後期課程に入学してから実に二〇年もの月日が経ってしまったが、学位論文を完成させることができた。

最後になったが、学位論文および本書の執筆にあたりお世話になった方々に、御礼の言葉を述べさせていただく。

まずは何と言っても、指導教授の米田俊彦先生である。すでに述べたとおり、米田先生は筆者が教育学に興味を持つきっかけを与えてくださった方であり、お茶大の学部時代から通算すると、二四年もの間お世話になった先生である。博士課程を退学した後も、なかなか学位論文の執筆が進まない筆者を、時には叱咤激励し、根気強く指導してくださった。先生の存在がなければ、教育学を学ぶことも、学位論文を完成させることもなかったはずである。これまでのご指導・ご鞭撻に厚く御礼を申し上げる。また、米田ゼミの先輩方・後輩たちにも、筆者が研究を進めるうえで、たくさんのアドバイスや励ましの言葉をいただいた。とくに、筆者が研究に行き詰まっていた際、聞き取り対象者を紹介してくださった桜井恵子さんに感謝の言葉を申し上げる。

本書の元である学位論文の審査では、お茶の水女子大学の池田全之先生・大多和直樹先生・小玉亮子先生・冨士原紀絵先生に審査委員を引き受けていただいた。先生方にはお忙しい中、拙稿を丁寧に読み込んでくださり、多くのご指導をいただいたことに御礼を申し上げる。

研究関係では、様々な学会・研究会等で、多くの研究者の方々に貴重なご意見をいただいた。とくに、久木自主ゼミ・教育と歴史研究会（通称：すずめ研）では、教育史学会大会前や学位論文構想時に報告の機会を設けていただき、たくさんのご意見やご助言をいただいた。また、筆者が参加している『月刊ニューズレター現代の大学問題を視野に入れた教育史研究を求めて』の会員諸氏からは、筆者が研究活動を続けるにあたって、様々なかたちで協力、激励、あるいは刺激をいただいた。とくに、筆者の個人科研の研究補助者を引き受けてくださった猪股大輝さんには、CIE文書の収集・翻訳・分析を進めるうえでたいへんお世話になった。

敗戦直後の文書資料の乏しい時期を研究対象とするにあたって、文書資料だけでは見えてこない貴重な証言をくださった聞き取り対象者の方々にも御礼を申し上げたい。とくに、東大在学中に学生運動にかかわった岡田裕之先生（法政大学名誉教授）には、研究遂行上のアドバイスもいただき、筆者が学位を取った際には、ご自身の教え子と同じように、たいへん喜んでくださった。ご指導に感謝を申し上げる。

これまでに筆者が職を得た、立教大学立教学院史資料センター・早稲田大学大学史資料センター（早稲田大学歴史館）・神奈川大学大学資料編纂室の、上司・同僚の方々にも感謝を申し上げる。立教・早稲田時代の同僚には研究者も多く、忙しさで研究から脱落しそうになった時も、研究に向かう刺激やモチベーションを与えてくださった。とくに、立教時代の同僚、後任でもある舟橋正真さんには、学位論文執筆の先輩として、いろいろとアドバイスをいただいた。また、現在の職場である神奈川大学大学資料編纂室の上司・同僚の方々には、学位論文の審査などでたびたび休暇を取らなければならない時も快く許してくださり、温かい励ましの言葉をくださった。心より感謝を申し上げる。

出版状況が厳しい中、本書の刊行を引き受けてくださった六花出版の山本有紀乃社長、きめ細やかで丁寧な編集・校正作業をしてくださった金美希さん・黒板博子さんにも御礼を申し上げる。

最後に、これまで筆者の研究活動を支えてくれた家族にも御礼を述べて筆を置きたい。三人きょうだいの中でもっとも勉強嫌いで学業成績も良くなかった筆者であるが、結果的に一番長く大学・大学院に通わせてもらった。時に反発することもあったが、最終的にわがままを許してくれた両親に感謝している。

なお、本書の執筆・刊行にあたっては、JSPS科研費JP20K22222の助成を受けている。

参考文献一覧

◎書籍・論文（編著者名の五十音順、以下同じ）
阿部彰『戦後地方教育制度成立過程の研究』風間書房、一九八三年
荒敬・内海愛子・林博史編著『国立国会図書館所蔵GHQ／SCAP文書目録』第2巻　CIE／民間情報教育局、蒼天社出版、二〇〇五年
安東仁兵衛『戦後日本共産党私記』現代の理論社、一九七六年
一・九会『一・九会文集』第一集、一九九七年
――『一・九会文集』第二集、一九九七年
――『一・九会文集』第三集、一九九九年
――『一・九会文集』第四集、一九九九年
稲岡進・糸屋寿雄『日本の学生運動』青木新書、一九六一年
猪股大輝「占領軍の生徒自治会構想に関する一考察――生徒会活動前史の視点から」『関東教育学会紀要』四七号、二〇二〇年
氏家斉一郎『昭和という時代を生きて』岩波書店、二〇一二年
マーク・T・オア著、土持ゲーリー法一訳『占領下日本の教育改革政策』玉川大学出版部、一九九三年
大浜信泉伝記刊行委員会『大浜信泉』、一九七八年
大藤修『検証イールズ事件』清文堂、二〇一〇年
岡田裕之「イールズ闘争とレッド・パージ反対闘争：1950年前後の学生運動、回顧と分析」『大原社会問題研究所雑誌』六五一号、二〇一三年
想い出の中谷博・刊行会『想い出の中谷博』、一九七三年

小柳津恒『京都民統の思い出』、一九七七年
学生生活編集部編『戦後学生運動史』三一書房、一九五七年
菊川忠雄『学生社会運動史』海口書店、一九四七年
喜多明人「子どもの参加の権利と生徒参加史研究——戦後日本における生徒自治会形成過程の検討を中心に」『教育学研究』六二巻三号、一九九五年
京都帝国大学学生運動史刊行会編『京都帝国大学学生運動史』昭和堂、一九八四年
近代日本教育制度史料編纂会編『近代日本教育制度史料』第七巻、大日本雄弁会講談社、一九五六年
——『近代日本教育制度史料』第二十六巻、大日本雄弁会講談社、一九五八年
国立教育研究所編『占領期日本教育に関する在米史料の調査研究』戦後教育改革資料6、一九八八年
三一書房編集部編『資料　戦後学生運動1』三一書房、一九六八年
——『資料　戦後学生運動2』三一書房、一九六九年
——『資料　戦後学生運動』別巻、三一書房、一九七〇年
司法省刑事局思想部編『京都学生事件の梗概と身上調査（司法省刑事局　思想研究資料　特輯第七号）』、一九二八年
司法省調査課『司法研究』第一五輯　報告書集四、一九三一年
昭和五十一年七月顧問会「昭和五年の早慶野球戦切符事件」『早稲田大学史記要』第十巻、一九七七年
H・スミス『新人会の研究』東京大学出版会、一九七八年
住谷悦治・高桑末秀・小倉襄二『京都地方学生社会運動史』京都府労働経済研究所、一九五三年
大学基準協会十年史編纂委員会編『大学基準協会十年史』、一九五七年
武井昭夫『層としての学生運動　全学連創成期の思想と行動』スペース伽耶、二〇〇五年
東京帝国大学学生課『昭和七年中に於ける本学内の学生思想運動の概況』、一九三三年
東大学生運動研究会『日本の学生運動——その理論と歴史』新興出版社、一九五六年
鳥養利三郎『敗戦の痕』、一九六八年
蜷川譲『敗戦直後の祝祭日　回想の松尾隆』藤原書店、一九九八年

日本学生運動研究会編『学生運動の研究』日刊労働通信社、一九六六年
日本共産党中央委員会『日本共産党の八十年』、二〇〇三年
日本近代教育史料研究会編『教育刷新委員会　教育刷新審議会会議録』第四巻、岩波書店、一九九六年
日本私立大学連盟編『日本私立大学連盟二十年史』、一九七二年
二六会『滝川事件以後の京大学生運動』西田書店、一九八八年
羽田貴史「占領下大学管理法案の成立過程」『高等教育研究』第二五集、二〇二二年
福島要一編著『学生の自治（双書・大学の自治Ⅲ）』明治図書出版、一九七〇年
福家崇洋「1950年前後における京大学生運動（上）」『京都大学大学文書館紀要』第一三号、二〇一五年
法政大学大原社会問題研究所編『新版社会・労働運動大年表』労働旬報社、一九九五年
松村禎彦『最近に於ける左翼学生運動（司法省刑事局　思想研究資料　特輯第八十五号）』、一九四〇年
明神勲「占領下日本の大学とレッド・パージ（その1）：北大イールズ事件の実証的研究」『北海道教育大学紀要　第一部　C　教育科学編』四五巻一号、一九九四年
――「占領下日本の大学とレッド・パージ（その2）：W．C．イールズの新潟大学演説の経緯」『北海道教育大学紀要　第一部　C　教育科学編』四七巻一号、一九九六年
――「占領下日本の大学とレッド・パージ（その3）：いわゆる〝イールズ旋風〟について」『北海道教育大学紀要　第一部　C　教育科学編』四七巻二号、一九九七年
山中明『戦後学生運動史』青木書店、一九六一年
早稲田・一九五〇年・記録の会編『早稲田　一九五〇年　史料と証言』五号、一九九九年
――『早稲田　一九五〇年　史料と証言』別冊・資料篇、二〇〇〇年

◎大学沿革史

九州大学七十五年史編集委員会編『九州大学七十五年史』通史、一九九二年

京都大学百年史編集委員会編『京都大学百年史』総説編、一九九八年

――『京都大学百年史』資料編二、一九九八年

慶応義塾『慶応義塾百年史』中巻（前）、一九六〇年

作道好男・江藤武人編『一橋大学百年史』財界評論新社、一九七五年

信州大学医学部25周年記念会『信州大学医学部25年史』、一九六九年

拓殖大学創立百年史編纂室編『拓殖大学百年史』通史編一（明治大正期）、二〇一六年

東京大学経済学部『東京大学経済学部五十年史』東京大学出版会、一九七六年

東京大学百年史編集委員会編『東京大学百年史』資料一、東京大学出版会、一九八四年

――『東京大学百年史』通史二、東京大学出版会、一九八五年

――『東京大学百年史』通史三、東京大学出版会、一九八六年

――『東京大学百年史』部局史一、東京大学出版会、一九八六年

東京帝国大学『東京帝国大学五十年史』下冊、一九三二年

東北大学百年史編集委員会編『東北大学百年史　一』通史一、二〇〇七年

北海道大学編著『北大百年史』通説、ぎょうせい、一九八二年

早稲田大学大学史編集所編『早稲田大学百年史』第三巻、早稲田大学出版部、一九八七年

――『早稲田大学百年史』第四巻、早稲田大学出版部、一九九二年

――『早稲田大学百年史』第五巻、早稲田大学出版部、一九九七年

◎**資料**（資料名の五十音順）

『アカハタ』（日本共産党中央機関紙）
『赤門戦士』（赤門戦士社）
『朝日新聞』東京版（朝日新聞社）
「一件書類綴」（京都大学大学文書館所蔵）
「内田祥三関係資料」（東京大学文書館所蔵）
『学園新聞』（京都大学新聞社）
「各年度事業報告書　早稲田大学」（早稲田大学歴史館所蔵）
「協議委員会議事録」（京都大学大学文書館所蔵）
『京都新聞』（西京新聞社）
『京都帝国大学一覧　自昭和二年至昭和三年』、一九二八年
「厚生女学部卒業生不採用問題関係書類」（京都大学大学文書館所蔵）
「戦後教育資料」（国立教育政策研究所所蔵）
『戦後日本共産党関係資料』不二出版、二〇〇七—〇八年
『早大新聞』（早稲田大学新聞会）
『大学新聞』（帝国大学新聞社）
「滝口宏旧蔵資料」（早稲田大学歴史館所蔵）
『帝国大学新聞』（帝国大学新聞社）
『東京大学学生新聞』（東京大学学生新聞会）
『東京大学新聞』（東京大学新聞社）
『日本女子大学新聞』（日本女子大学学生新聞部）
『日本女子大学校学生新聞』（日本女子大自治会編集部）
『毎日新聞』大阪版（毎日新聞社）

「民間情報教育局会見録（CIE Conference Report）」（国立国会図書館憲政資料室所蔵「日本占領関係資料」）
『夕刊京都』（夕刊京都新聞社）
『読売報知』（読売新聞社）
『早稲田学報』（早稲田大学校友会）
『早稲田大学新聞』（早稲田大学新聞会）
「早稲田大学本部書類（続の2）」（早稲田大学歴史館所蔵）

主要人名索引

索引

学生自治会、学生運動、学友会、同学会、日本共産党、東京大学、京都大学、早稲田大学など、頻出する語については採録しなかった。

主要事項索引

占領下《せんりょうか》の学生自治会《がくせいじちかい》と学生運動《がくせいうんどう》

著者――田中智子
発行日――二〇二五年一月二〇日　初版第一刷
発行者――山本有紀乃
発行所――六花出版
〒一〇一−〇〇五一　東京都千代田区神田神保町一−二八　電話〇三−三二九三−八七八七　振替〇〇一二〇−九−三二二五二六
校閲――黒板博子・金美希
組版・印刷――モリモト印刷
製本所――青木製本
装丁――臼井弘志

著者紹介――田中智子（たなか・さとこ）
二〇〇四年　お茶の水女子大学大学院人間文化研究科発達社会科学専攻修了
二〇一二年　お茶の水女子大学大学院人間文化研究科人間発達科学専攻単位取得退学博士（社会科学）
二〇一七年　学習院大学大学院人文科学研究科アーカイブズ学専攻修了
現在　学校法人神奈川大学大学資料編纂室勤務

ISBN978-4-86617-264-4